YINGYONG SHANGFA
ANLI JIAOCHENG

应用商法案例教程

主　编　陈全波　周　莹
副主编　任文华　刘明华

西南财经大学出版社
四川·成都

图书在版编目(CIP)数据

应用商法案例教程/陈全波,周莹主编;任文华,刘明华副主编.—成都:
西南财经大学出版社,2023.8
ISBN 978-7-5504-5784-3

Ⅰ.①应… Ⅱ.①陈…②周…③任…④刘… Ⅲ.①商法—案例—中
国—高等学校—教材 Ⅳ.①D923.995

中国国家版本馆 CIP 数据核字(2023)第 152181 号

应用商法案例教程

主 编:陈全波 周 莹
副主编:任文华 刘明华

责任编辑:冯 雪
责任校对:金欣蕾
封面设计:墨创文化
责任印制:朱曼丽

出版发行	西南财经大学出版社(四川省成都市光华村街55号)
网 址	http://cbs.swufe.edu.cn
电子邮件	bookcj@swufe.edu.cn
邮政编码	610074
电 话	028-87353785
照 排	四川胜翔数码印务设计有限公司
印 刷	郫县犀浦印刷厂
成品尺寸	185mm×260mm
印 张	10.5
字 数	252 千字
版 次	2023 年 8 月第 1 版
印 次	2023 年 8 月第 1 次印刷
印 数	1— 2000 册
书 号	ISBN 978-7-5504-5784-3
定 价	32.00 元

编　委　会

主　编

陈全波　贵州商学院讲师，西南政法大学法学博士研究生

周　莹　贵州商学院教授，西南政法大学法学硕士

主要成员（排名不分先后）

任文华　贵州商学院副教授，大连理工大学法学博士

田　松　贵州省贵阳市白云区人民法院院长

郑应江　贵州省人大常委会、贵州省人民政府法律顾问室咨询专家，贵阳仲裁委仲裁员，重庆百君（贵阳）律师事务所主任

归　东　贵州省破产管理人协会会长，贵州省贵阳市律师协会副会长，贵州富迪律师事务所主任

王　宏　贵州财经大学副教授，西南政法大学法学博士

刘明华　贵州商学院讲师，四川大学法学学士

张苏苏　贵州省贵阳市白云区人民法院法官助理，兰州大学法律硕士

周上竹　贵州省贵阳市云岩区人民法院员额法官，西南政法大学法学硕士

▶▶ 编写说明

"法商融合"已成为新时代法律人才和商贸人才培养的新视角，为更好体现本科高校应用型办学要求和高素质应用型人才培养需求，打造更能体现法商融合的法律课程体系和教材体系，我们依托贵州省省级一流课程"应用商法"启动了《应用商法案例教程》的编写工作。

本书共八章，包括绪论，第一章公司法，第二章非公司企业法，第三章商业标识，第四章商事合同，第五章票据法，第六章破产法，第七章商事纠纷解决。

编写工作由各位编写者分头完成，最后由陈全波、周莹校稿、统稿，编委会审议定稿。

本书编写过程中，编委会主要成员张苏苏、周上竹以提供案例、案例分析的形式参与了教材内容的编写，并对文稿内容提出建议；编委会其他主要成员对全书内容提出了诸多具有显著意义的修改建议，或实际参与编写工作，并对全书审议定稿付出了大量辛勤劳动；重庆百君（贵阳）律师事务所母雯迪律师进行了大量案例检索、法律法规和理论知识梳理工作；同时，本书编写过程中查阅、参考了学术界、实务界诸多专家的学术成果和实务成果，在此一并表示感谢。

对于本书的编写，尽管我们竭尽全力，但由于能力、资料所限，不足之处在所难免，请广大读者不吝指正。

陈全波　周　莹

2023 年 5 月

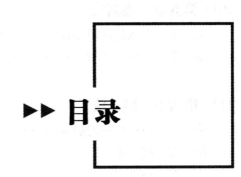

▶▶ 目录

应用商法
案例教程

绪　论

【案例介绍】

一、基本案情

2014 年 6 月，浙江 LD 不锈钢有限公司（以下简称"LD 公司"）由中国宁波港出口一批不锈钢无缝产品至斯里兰卡科伦坡港，货物报关价值为 366 918.97 美元。LD 公司通过货代向 MMJ 有限公司（以下简称"MMJ 公司"）订舱，涉案货物于同年 6 月 28 日装载于 4 个集装箱内装船出运，出运时 LD 公司要求做电放处理。2014 年 7 月 9 日，LD 公司通过货代向 MMJ 公司发邮件称，发现货物运错目的地要求改港或者退运。MMJ 公司于同日回复，因货物距抵达目的港不足 2 天，无法安排改港，如需退运则需与目的港确认后回复。次日，LD 公司的货代询问货物退运是否可以原船带回，MMJ 公司于当日回复"原船退回不具有操作性，货物在目的港卸货后，需要由现在的收货人在目的港清关后，再向当地海关申请退运。海关批准后，才可以安排退运事宜"。2014 年 7 月 10 日，LD 公司又提出"此批货物就是因为清关清不了，所以才安排退运回宁波的，是否有其他操作办法"。此后，MMJ 公司再未回复邮件。

涉案货物于 2014 年 7 月 12 日左右到达目的港。MMJ 公司应 LD 公司的要求于 2015 年 1 月 29 日向其签发了编号 603386880 的全套正本提单。根据提单记载，托运人为 LD 公司，收货人及通知方均为 VENUS STEEL PVT LTD，起运港中国宁波，卸货港科伦坡。2015 年 5 月 19 日，LD 公司向 MMJ 公司发邮件表示已按 MMJ 公司要求申请退运。MMJ 公司随后告知 LD 公司涉案货物已被拍卖。

案例来源：（2017）最高法民再 412 号民事判决。

二、诉讼过程

LD 公司于 2015 年 6 月 4 日向宁波海事法院起诉称：2014 年 6 月，LD 公司出口一批价值 366 918.97 美元的不锈钢无缝产品，贸易方式为 CIF（成本、保险费加运费，指货物交付到指定目的港的价格），从中国宁波港运至斯里兰卡科伦坡港。为履行该贸易合同，LD 公司通过货代向 MMJ 公司订舱。6 月 28 日，涉案货物装至 MMJ 公司所属的"GUNDEMAERSK"船上出运，2015 年 1 月 29 日，MMJ（中国）航运有限公司作为代理向 LD 公司签发由 MMJ 公司作为承运人的一式三份正本提单（提单编号 603386880，提单项下集装箱号 PONU0200792/MRKU8198679/MRKU9118512/MRKU9024060）。货物到达斯里兰卡科伦坡后，因收货人未支付货款，LD 公司向 MMJ 公司提出退运要求，MMJ 公司也确认同意安排退运，然 MMJ 公司至今未能安排退运。后突然又声称涉案货物在目的港已被拍卖但未提供任何文件予以证明，MMJ 公司之前也从未告知海关介入拍卖涉案货物，LD 公司也从未表达过要弃货的意思。现持有全套正本提单的 LD 公司认为，MMJ 公司未尽到妥善保管货物的义务或已实施无单放货，导致 LD 公司提单物权落空，应向 LD 公司承担赔偿责任。故诉至法院，请求判令 MMJ 公司向 LD 公司赔偿货物损失 366 918.97 美元（按 2015 年 5 月 29 日美元兑人民币汇率 1：6.200 2 折合人民币 2 274 971 元）及利息（按中国人民银行同期贷款利率自 2015 年 5 月 29 日起计算至实际履行之日止）。

宁波海事法院于 2016 年 3 月 4 日做出（2015）甬海法商初字第 534 号民事判决，认为 LD 公司未采取自行提货等有效措施才导致涉案货物被海关拍卖，相应货损风险应由该公司承担，故驳回 LD 公司的诉讼请求。LD 公司提出上诉。

浙江省高级人民法院于 2016 年 9 月 29 日做出（2016）浙民终 222 号民事判决：撤销一审判决；MMJ 公司于判决送达之日起十日内赔偿 LD 公司货物损失 183 459.49 美元及利息。二审法院认为依据《中华人民共和国合同法》第三百零八条，LD 公司在 MMJ 公司交付货物前享有请求改港或退运的权利。在 LD 公司提出退运要求后，MMJ 公司既未明确拒绝安排退运，也未通知 LD 公司自行处理，对涉案货损应承担相应的赔偿责任，酌定责任比例为 50%。MMJ 公司不服二审判决，向最高人民法院申请再审。

最高人民法院认为：依据《中华人民共和国合同法》第三百零八条的规定，在承运人将货物交付收货人之前，托运人享有请求变更运输合同的权利，但双方当事人仍要遵循《中华人民共和国合同法》第五条规定的公平原则确定各方的权利和义务。

2017 年 12 月 29 日，最高人民法院做出（2017）最高法民再 412 号民事判决：撤销二审判决；维持一审判决。

【争议问题】

1. MMJ 公司应否为涉案货物安排改港或者退运？

2. MMJ 公司是否应当赔偿 LD 公司的货损？

3. 商法的基本原则在案件审判时发挥何种功能和价值？

【理论知识】

一、商法的概念与特征

商法学是以商法的一般理论、商事部门法为研究对象的法学学科，是法学理论体系与学科体系的重要组成部分。商法，又称商事法，是指调整商事主体参加的商事关系的法律规范的总称。一般来讲，商法主要包括两大部分，即商主体法和商行为法，这是由商法所调整的商事关系决定的。商事关系包括商事组织关系和商事行为关系，调整商事组织关系的是商主体法，比如商法中关于公司、合伙企业、个人独资企业的规定，属于商主体法；调整商事行为关系的是商行为法，比如商法中关于商业买卖、行纪、承揽、运输、仓储、代理、票据、保险、证券等行为规定，均属于商行为法。

理解商法这一概念，也可以从形式意义上的商法和实质意义上的商法这两个角度展开。不同国家的立法体制也有所不同，呈现出的调整商事法律关系的法律规范也不尽相同。采用民商分立立法体制的国家，多以"商法"或"商法典"来命名商事法律，比如《法国商法典》《德国商法典》等，我们称其为形式意义上的商法。有的国家尤其是采用民商合一立法体制的国家，尽管没有以"商法"或"商法典"来命名商事法律，但也存在大量商事法律规范，我们称其为实质意义上的商法。实际上，那些采用民商分立立法体制的国家，在商法典之外，也存在其他的商事法律。我国采用民商分立立法体制，没有形式意义上的商法，但有大量商事法律，比如《中华人民共和国公司法》《中华人民共和国合伙企业法》《中华人民共和国个人独资企业法》《中华人民共和国票据法》《中华人民共和国保险法》等。

商法与民法在本质上均属于私法，具有内在的质的同一性，即都是商品经济关系的法律体现，但较之于民法，商法更加贴近经济活动，具有以下特征：

第一，营利性。商法具有营利性特征，但这里的"营利性"不是指商法自身以营利为目的，而是指商法是对商事主体营利性行为的规范和保护。

第二，商法具有私法的性质，但渗透着公法的相关要素。总体上看，商法与民法均为私法，与民法一样，商法也最大限度为商事主体参加社会经济活动的自由提供法律保护。当然，我国商法也和其他国家的商法发展趋势一样，渗透着公法的相关要素。如关于商业登记制度的规定、关于商事账簿制度的规定、关于企业和公司组织形态的规定，等等，体现了国家对经济活动的管理，具有公法性质。

第三，商法是特别私法。我国采用民商合一的立法体制，商法是作为民法的特别法存在的，即民法为普通法，商法为特别法。因此，从法律适用的角度来讲，商法优先于民法而适用。

二、商法的基本原则

法律的原则，是指法律本质的体现，它贯穿于法的全过程，是立法以及法律解释的指导原则。商法的基本原则，是指体现商法的本质属性，它贯穿于商事活动的始终，是指导商事立法、司法活动的根本准则。

首先，商法作为民法的特别法，民法的基本原则也是商法的基本原则。比如，民法的平等原则、自愿原则、公平原则、诚实信用原则、守法和公序良俗原则等同样是商事关系本质的体现，存在于商法的全过程。

其次，商法作为民法的特别法，其所规范的商事关系具有不同于一般民事关系的特征。因此，商法规范具有自己特有的基本原则。

1. 商主体法定原则

商主体法定原则是指商主体的类型和内容以及设立、消灭等，需依法律规定。主要包括以下内容：

第一，商主体的类型由法律规定，即法律未规定的主体类型，投资者不得设立。在我国现行法律制度下，企业的组织形式有公司、合伙企业、个人独资企业和外商投资企业，投资者只能投资设立符合法律规定的企业形态。例如，《中华人民共和国公司法》规定的公司种类有有限责任公司和股份有限公司，投资者拟投资设立公司时，只能选择有限责任公司或股份有限公司，而不能选择投资设立其他国家法律规定允许投资设立而我国不允许投资设立的公司形式，如无限公司、两合公司等。

第二，商主体的内容由法律规定，即当事人不得擅自变更商主体的财产关系和组织关系。不同类型商主体有着不同的财产关系和组织关系，例如，在我国，公司、合伙企业、个人独资企业的财产关系和组织关系都不一样，这种区别是基于法律规定直接形成的，不允许当事人擅自改变。因为，如果当事人可以随意改变企业的财产关系和组织关系，势必会造成企业形态的混乱，影响经济活动。

第三，商主体的设立、变更、终止需根据法律规定进行，即公示法定。企业的设立、变更、终止必须按照法律规定的程序进行，履行登记程序后方可设立、变更、终止。

2. 促进交易便捷原则

随着商品经济的不断向前发展，客观上要求经济活动交易程序尽量便捷，否则将会阻碍商品的流通和经济的发展。商法作为商品经济的法，必然要反映商品经济发展的这种客观需求，以促进交易便捷为原则。

3. 保障交易安全原则

交易安全是交易得以顺利进行、商品得以顺利流通的基本要求，没有交易的安全，就不会有商品经济的有序、健康发展。因此，商法不仅要促进交易便捷，不设置过于烦琐的程序，而且要保障交易的安全。例如，明确公示制度，增加交易的透明度；强化法律责任，保护交易相对人（社会大众）的安全等。

【关联法条】

《中华人民共和国合同法》（已废止）

第三百零八条 在承运人将货物交付收货人之前，托运人可以要求承运人中止运输、返还货物、变更到达地或者将货物交给其他收货人，但应当赔偿承运人因此受到的损失。

《中华人民共和国海商法》

第八十六条 在卸货港无人提取货物或者收货人迟延、拒绝提取货物的，船长可以将货物卸在仓库或者其他适当场所，由此产生的费用和风险由收货人承担。

《中华人民共和国民法典》（现行法律）

第六条 民事主体从事民事活动，应当遵循公平原则，合理确定各方的权利和义务。

第五百三十三条 合同成立后，合同的基础条件发生了当事人在订立合同时无法预见的、不属于商业风险的重大变化，继续履行合同对于当事人一方明显不公平的，受不利影响的当事人可以与对方重新协商；在合理期限内协商不成的，当事人可以请求人民法院或者仲裁机构变更或者解除合同。

第八百二十九条 在承运人将货物交付收货人之前，托运人可以要求承运人中止运输、返还货物、变更到达地或者将货物交给其他收货人，但是应当赔偿承运人因此受到的损失。

人民法院或者仲裁机构应当结合案件的实际情况，根据公平原则变更或者解除合同。

【案例评析】

最高人民法院认为：依据《中华人民共和国合同法》（以下简称《合同法》）第三百零八条的规定，在承运人将货物交付收货人之前，托运人享有请求变更运输合同的权利，但双方当事人仍要遵循《合同法》第五条规定的公平原则确定各方的权利和义务。海上货物运输具有运输量大、航程预先拟定、航线相对固定等特殊性，托运人要求改港或者退运的请求有时不仅不易操作，而且会妨碍承运人的正常营运或者给其他货物的托运人或收货人带来较大损害。在此情形下，如果要求承运人无条件服从托运人变更运输合同的请求，显失公平。因此，在海上货物运输合同下，托运人并非可以无限制地行使请求变更运输合同的权利，承运人也并非在任何情况下都应无条件服从托运人请求变更运输合同的指示。为合理平衡海上货物运输合同中各方当事人的利益，在托运人可以行使请求变更运输合同权利的同时，承运人也相应地享有一定的抗辩权。如果变更运输合同难以实现或者将严重影响承运人正常营运，承运人可以拒绝托运人改港或者退运的请求，但应当及时通知托运人不能执行的原因。涉案运输方式为国际班轮运输，载货船舶除运载 LD 公司托运的四个集装箱外，还运载了其他货主托运的众多货物。涉案货物于 2014 年 6 月 28 日装船出运，7 月 12 日左右到达目的港，而 LD 公司于 7 月 9 日才要求 MMJ 公司改港或者退运。在承运船舶距离到达目的港只有两三天时间的情形下，MMJ 公司主张由于航程等原因无法安排改港、原船退回不具有操作性，客观合理。

【案例启示】

党的二十大报告指出："社会主义法治国家建设深入推进，全面依法治国总体格局基本形成，中国特色社会主义法治体系加快建设，司法体制改革取得重大进展，社会公平正义保障更为坚实，法治中国建设开创新局面。""推进科学立法、民主立法、依法立法，统筹立改废释纂，增强立法系统性、整体性、协同性、时效性。"从商事法律立法的发展中，我们可以看出我国法治建设取得的巨大成就。

第一章

公司法

第一节　公司概述

【案例介绍】

2005 年 11 月 3 日，高某和邹某某作为公司股东（发起人）发起成立海南 BC 房地产开发有限公司（以下简称"BC 公司"），高某、邹某某出资比例各占 50%，邹某某任该公司执行董事、法定代表人。

2011 年 6 月 16 日，BC 公司、NHA 旅游服务有限公司（以下简称"NHA 公司"）、TT 国际酒店有限公司（以下简称"TT 公司"）、TS 房地产开发有限公司（以下简称"TS 公司"）四方共同签署了协议书，对位于海南省三亚市三亚湾海坡开发区的 BH 酒店（现为 TT 国际酒店）的现状、投资额及酒店产权确认、酒店产权过户手续的办理、工程结算及结算资料的移交、违约责任等方面均做出明确约定。2012 年 8 月 1 日，TT 公司以 BC 公司和 NHA 公司为被告、TS 公司为第三人向海南省高级人民法院提起合资、合作开发房地产合同纠纷之诉，提出 BH 酒店（现为 TT 国际酒店）房屋所有权（含房屋占用范围内的土地使用权）归 TT 公司所有以及 BC 公司向 TT 公司支付违约金 720 万元等诉讼请求。海南省高级人民法院做出（2012）琼民一初字第 3 号民事判决，支持了 TT 公司的诉讼请求，判决做出后，各方当事人均未提出上诉。

2012 年 8 月 28 日，高某以 BC 公司经营管理发生严重困难，继续存续将会使股东利益遭受重大损失为由起诉请求解散公司。2013 年 9 月 12 日，海南省海口市中级人民法院做出（2013）海中法民二初字第 5 号民事判决，判决解散 BC 公司。BC 公司不服该判决，提出上诉。2013 年 12 月 19 日，海南省高级人民法院就该案做出（2013）琼民二终字第 35 号民事判决，判决驳回上诉，维持原判。2014 年 9 月 18 日，海口市中级人民法院指定海南天皓律师事务所担任 BC 公司管理人，负责 BC 公司的清算。

2015 年 4 月 20 日，BC 公司管理人以 TT 公司、TS 公司、NHA 公司为被告，向海南省高级人民法院起诉，请求确认 BC 公司于 2011 年 6 月 16 日签订的协议无效，将位于海南省三亚市三亚湾路某度假区 15 370.84 平方米的土地使用权及 29 851.55 平方米的地上建筑物返还过户登记至 BC 公司管理人名下。海南省高级人民法院裁定驳回了 BC 公司管理人的起诉。诉讼过程中，TS 公司、TT 公司收到该案诉讼文书后与 BC 公司管理人联系并向其提供了（2012）琼民一初字第 3 号民事判决的复印件。高某遂据此向海南省高级人民法院就（2012）琼民一初字第 3 号民事判决提起本案第三人撤销之诉。

案例来源：最高人民法院指导案例 2021 年第 148 号。

【争议问题】

1. 公司作为企业法人，具体体现在哪些方面？
2. 股东能否代公司提起诉讼？

【理论知识】

（一）公司的概念

公司是指依法设立的，以营利为目的的企业法人。

（二）公司的特征

1. 法人性

公司是具有独立民事主体资格地位的企业法人。《中华人民共和国公司法》（以下简称《公司法》）规定，公司享有由股东投资形成的全部法人财产权，依法享有民事权利，承担民事义务，公司对自己的法律行为所产生的法律后果承担全部法律责任。公司的存续不受公司股东变化的影响，公司的资产与股东的资产相互分离。

2. 法定性

法定性是指公司必须依照法律规定的条件和程序设立、运行和终止。公司依法设立包含两个方面：一是按照法律允许的形式、内容、经营范围和方式设立公司。超出法律规定的范围，或者不属于法定的公司组织形式都是非法公司；二是在公司的组建、成立、变更、解散等问题上，不符合法定程序，或者欺骗主管部门登记的公司，都属于不合法的行为。

3. 营利性

营利性是公司与其他社团法人相区分的标志之一。公司作为一个主要的商事主体，其设立是以营利为目的的。

（三）公司的种类

1. 无限责任公司、两合公司、股份有限公司、有限责任公司

按股东所承担的责任形式不同，公司可分为四种，即无限责任公司、两合公司、股份有限公司、有限责任公司。

无限责任公司简称"无限公司"，即所有股东不论其出资多少，都要对公司的债务承担无限连带责任。无限公司是最早产生的公司类型，但是随着股份有限公司和有限

责任公司的产生，无限公司的数量已经很少了。

两合公司，指由承担无限责任的股东与承担有限责任的股东所组成的公司。无限责任股东对公司债务负无限连带责任，有限责任股东就其出资额为限对公司债务承担有限责任。

股份有限公司也称"股份公司"，是指将公司资本分成若干等额的股份，股东以其认购持有的股份为限对公司承担有限责任，公司以其全部资产为限对外承担有限责任的公司。一般认为，股份有限公司起源于17世纪英国、荷兰等国设立的殖民公司，1807年《法国商法典》第一次对股份有限公司做了完备、系统的规定。

股份有限公司具有以下特征：

①公司股份的等额性。股份公司的资本分为等额股份，股份体现为股票形式。这是股份有限公司与有限责任公司最主要的区别。

②公司性质的资合性。股份公司的经营活动取决于公司资本，信用基础是资本的总额，以公司资本数额对外承担债务，公司仅以资本的实力取信于人，股东个人的财产、信用、能力情况与公司无关。

③股东人数的开放性。股份公司的股东有最低人数的限制，而没有最高人数的限制。

④股份转让的任意性。股份公司股东转让股份，一般不需要经得公司或其他股东同意。

⑤组织机构相对复杂。股份公司有组织机构的，必须严格按照规定完整设立股东大会、董事会、监事会。

有限责任公司也称"有限公司"，是指由一定数额的股东通过出资而组成的公司，股东以其认缴的出资额为限对公司债务承担有限责任，公司以其全部财产为限对外承担责任的公司。

有限责任公司具有以下特征：

①股东人数的限制性。各国一般对有限责任公司的股东都有最高数额的限制，《公司法》规定，有限责任公司的股东人数不得超过五十人，如超过此数，有限责任公司必须转变为股份有限公司或予以解散。

②股东责任有限性。公司股东仅以认缴的出资额为限，对公司债务承担有限责任。

③运作的封闭性。有限责任公司具有人合性。证明股东出资份额的证书，称为出资证明书，而不是股票，不能在证券市场上买卖。有限责任公司股东的股权转让受到较严格的限制。《公司法》规定，有限责任公司的股东向股东以外的人转让股权，应当经其他股东过半数同意。由于其不涉及社会上其他公众的利益，有限责任公司的经营状况不需公开。

④组织结构设置的灵活性。由于有限责任公司的人数较少，因此公司组织机构的设置较为灵活，如允许不设立董事会，只设一名执行董事；不设监事会，只设1~2名监事。

需要注意的是，在《公司法》中，只规定了股份有限公司与有限责任公司两类公司。

2. 母公司和子公司

根据一个公司对另一个公司的控制和依附关系的不同，公司可分为母公司和子公司。母公司也被称为"控股公司"，它是指持有其他公司一定比例以上的股权，或者根据协议能够控制、支配其他公司的公司。子公司指全部股权或者达到控股程度的股权被另一公司控制，或者依照协议被另一公司实际控制的公司，是相对于母公司而言处于被控制、受支配地位的公司。

母子公司间虽然具有投资关系，但均为独立法人，各自承担各自的债务，互不牵连。这是母子公司最为基本的法律特征。

3. 总公司和分公司

根据公司管辖系统的不同，公司还可分为总公司和分公司。总公司是具有独立法人资格的总机构，管辖公司全部组织。

分公司是由总公司管辖的，在其住所以外设立的从事经营活动的分支机构。在大多数情况下，分公司不是独立的法人，而只是总公司的组成部分或业务活动机构。

在实际操作中需要注意区分母子公司与总分公司，例如：甲有限责任公司出资设立乙有限责任公司，乙公司为甲控股的子公司，后甲公司又设立了丙分公司。丁公司分别与乙公司、丙公司签订合同，向其供货，货款均为 60 万元。但其后乙公司、丙公司迟迟不支付货款。无奈之下，丁公司将甲公司告上法庭，要求甲公司支付货款。

本案中，甲公司为有限责任公司，乙公司为甲公司的子公司，子公司具有独立的法人资格，而丙公司是甲公司的分公司，分公司不具有法人资格。因此，甲公司对丙公司的负债承担责任，乙公司的负债由乙公司自己承担。

4. 一人公司

一人公司是一人有限责任公司的简称，是指只由一个自然人股东或者一个法人股东投资设立的有限责任公司。《公司法》关于一人公司特别规定的主要内容如下：第一，一个自然人只能投资设立一个一人公司，且该一人公司不能投资设立新的一人公司。第二，一人公司应当在公司登记中注明是自然人独资或者法人独资，并在公司营业执照中载明。第三，一人公司不设股东会，股东行使相应职权做出决定时，应当采用书面形式，并由股东签字后置备于公司。第四，一人公司应当在每一会计年度终了时编制财务会计报告，并经会计师事务所审计。第五，一人公司的股东不能证明公司财产独立于股东自己财产的，应当对公司债务承担连带责任。

【关联法条】

《中华人民共和国公司法》

第二条　本法所称公司是指依照本法在中国境内设立的有限责任公司和股份有限公司。

第三条　公司是企业法人，有独立的法人财产，享有法人财产权。公司以其全部财产对公司的债务承担责任。

有限责任公司的股东以其认缴的出资额为限对公司承担责任；股份有限公司的股东以其认购的股份为限对公司承担责任。

第四条　公司股东依法享有资产收益、参与重大决策和选择管理者等权利。

第五条　公司从事经营活动，必须遵守法律、行政法规，遵守社会公德、商业道德，诚实守信，接受政府和社会公众的监督，承担社会责任。

公司的合法权益受法律保护，不受侵犯。

第十四条　公司可以设立分公司。设立分公司，应当向公司登记机关申请登记，领取营业执照。分公司不具有法人资格，其民事责任由公司承担。

公司可以设立子公司，子公司具有法人资格，依法独立承担民事责任。

第十五条　公司可以向其他企业投资；但是，除法律另有规定外，不得成为对所投资企业的债务承担连带责任的出资人。

第二十条　公司股东应当遵守法律、行政法规和公司章程，依法行使股东权利，不得滥用股东权利损害公司或者其他股东的利益；不得滥用公司法人独立地位和股东有限责任损害公司债权人的利益。

公司股东滥用股东权利给公司或者其他股东造成损失的，应当依法承担赔偿责任。

公司股东滥用公司法人独立地位和股东有限责任，逃避债务，严重损害公司债权人利益的，应当对公司债务承担连带责任。

【案例评析】

本案中最高人民法院认为：本案系高某针对已生效的海南省高级人民法院（2012）琼民一初字第3号民事判决而提起的第三人撤销之诉。第三人撤销之诉制度的设置功能，主要是为了保护受错误生效裁判损害的未参加原诉的第三人的合法权益。由于第三人本人以外的原因未能参加原诉，人民法院做出了错误裁判，在这种情形下，法律赋予本应参加原诉的第三人有权通过另诉的方式撤销原生效裁判。因此，提起第三人撤销之诉的主体必须符合本应作为第三人参加原诉的身份条件。本案中，高某不符合以第三人身份参加该案诉讼的条件。

首先，高某对（2012）琼民一初字第3号民事判决案件的诉讼标的没有独立请求权，不属于该案有独立请求权的第三人。有独立请求权的第三人，是指对当事人之间争议的诉讼标的，有权以独立的实体权利人的资格提出诉讼请求的主体。在（2012）琼民一初字第3号民事判决案件中，TT公司基于其与BC公司订立的《协议书》提出各项诉讼请求，海南省高级人民法院基于《协议书》的约定进行审理并做出判决。高某只是BC公司的股东之一，并不是《协议书》的合同当事人一方，其无权基于该协议约定提出诉讼请求。

其次，高某不属于（2012）琼民一初字第3号民事判决案件无独立请求权的第三人。无独立请求权的第三人，是指虽然对当事人双方的诉讼标的没有独立请求权，但案件处理结果同他有法律上的利害关系的主体。第三人同案件处理结果存在的法律上的利害关系，可能是直接的，也可能是间接的。本案中，（2012）琼民一初字第3号民事判决只确认了BC公司应承担的法律义务，未判决高某承担民事责任，故高某与（2012）琼民一初字第3号民事判决的处理结果并不存在直接的利害关系。但他们之间是否存在间接利害关系呢？通常来说，股东和公司之间系天然的利益共同体。公司股东对公司财产享有资产收益权，公司的对外交易活动、民事诉讼的胜败结果一般都会影响到公司的资产情况，从而间接影响到股东的收益权利。从这个角度看，股东与公司进行的民事诉讼的处理结果具有法律上的间接利害关系。但是，由于公司利益和股东利益具有一致性，公司对外活动应推定为股东整体意志的体现，公司在诉讼活动中的主张也应认定为代表股东的整体利益。因此，虽然公司诉讼的处理结果会间接影响到股东的利益，但股东的利益和意见已经在诉讼过程中由公司代表和表达，则不应再追加股东作为第三人参加诉讼。本案中，虽然高某是 BC 公司的股东，但 BC 公司与 NHA 公司、TS 公司、TT 公司的诉讼活动中，股东的意见已为 BC 公司所代表，则作为股东的高某不应再以无独立请求权的第三人身份参加该案诉讼。至于不同股东之间的分歧所导致的利益冲突，应由股东与股东之间、股东与公司之间依法另行处理。

【案例启示】

公司的法人性是公司与个人独资企业、合伙企业的主要区别，也是促进股东投资意愿、推进商事主体发展的原因之一。明确公司的法人地位，才能明确公司与股东、社会之间的权利义务关系。若无授权委托或其他理由，股东与公司之间不能相互替代享有权利履行义务。

第二节　公司的设立

【案例介绍】

2017 年 5 月 30 日，原告 HQ 健康管理有限公司作为甲方，与作为乙方的 HHC 文化公司、HHC 酒店公司签订项目投资合作协议一份，双方自愿合作成立新的公司经营沛县千岛湖湿地园区及景区项目，以双方为股东新注册成立公司，新公司注册投资额为 1.67 亿元，甲方投资总额为 1.002 亿元，以现金形式出资，乙方以沛县千岛湖湿地园区及景区现有的全部土地、房产、船只、设备、无形资产等作为出资入股，折合为 0.665 亿元。同时，该协议约定了管理机构设置及原则、双方的权利和义务等内容。签订协议后，双方成立 HQ 疗养院（沛县）有限公司，工商登记成立日期为 2017 年 8 月 10 日。

2018 年 2 月 4 日，原告（甲方）与被告 HHC 文化公司、HHC 酒店公司（乙方）签订解除协议书一份，约定双方自愿解除 2017 年 5 月 30 日签订的项目投资合作协议，乙方自愿一次性赔偿甲方各种损失总计 800 万元，于 2018 年 3 月 30 日前给付，该笔费用包含合作期间人员工资、工程等所有费用。

2018 年 4 月 5 日，被告共同向原告出具承诺书一份，载明 HHC 文化公司、HHC 酒店公司与原告于 2018 年 2 月 4 日签订解除协议书，因项目投资合作协议解除，自愿赔偿原告 800 万元，现考虑以上赔偿不足以弥补原告损失，自愿增加 100 万元，共计赔偿 900 万元，上述款项保证于 2018 年 9 月 5 日前赔偿到位，逾期可按月息 2% 计息，双方因合作注册的 HQ 疗养院（沛县）有限公司同时由承诺人负责解散。被告董某在担保人处签字。此外，被告 HHC 文化公司（乙方）与沛县人民政府（甲方）签订沛县千岛湿地景区及旅游配套项目合作终止履行协议书一份，载明乙方产生经营困难，2018 年 1 月向甲方提出关于 HHC 文化公司千岛湿地项目资产转让的请示，双方就原协议的终止履行达成一致约定。

原告诉称被告出具承诺后未履行，被告 HHC 文化公司、HHC 酒店公司做出辩解：一是原告未按项目投资合作协议的约定出资到位，导致约定设立的公司无法正常经营，给两被告造成重大损失，已构成根本违约，两被告保留追究其违约责任的权利；二是解除协议及承诺书是两被告误以为原告已经按约定投资到位的情况下签订的，后经公司财务核对，确认原告未按约定出资，所以原告并未产生任何损失，原告在签订解除协议和承诺书时存在重大误解且显失公平，依法应予撤销，该协议自始无效，应依法驳回原告的诉讼请求。

案例来源：（2018）苏 0322 民初 5542 号。

【争议问题】

公司设立发起人的义务是什么？

【理论知识】

公司设立，是指发起人为组建公司，使其取得法人资格所进行的一系列法律行为的总称。公司设立的本质在于使一个尚不存在或正在形成中的公司逐渐具备条件并取得商事主体资格。

（一）公司设立的条件

1. 有限责任公司设立的条件

（1）股东符合法定人数。《公司法》规定，有限责任公司由五十个以下股东出资设立。

（2）有符合公司章程规定的全体股东认缴的出资额。

（3）股东共同制定公司章程。公司章程，是公司最重要的法律文件，它规定了公司的宗旨、业务范围、资本数额、组织原则和经营管理方法等。公司的章程应由公司的股东订立。《公司法》第二十五条规定了公司章程应当载明的事项。股东应当在公司章程上签名、盖章。

（4）有公司名称，建立符合有限责任公司要求的组织机构。

（5）有公司住所。公司的住所是公司主要办事机构所在地，会决定公司的管辖权、合同履行地等事项。

2. 股份有限公司设立的条件

（1）发起人符合法定人数；设立股份有限公司，应当有二人以上二百人以下为发起人，其中须有半数以上的发起人在中国境内有住所。

（2）有符合公司章程规定的全体发起人认购的股本总额或者募集的实收股本总额。

（3）股份发行、筹办事项符合法律规定。

（4）发起人制定公司章程，采用募集方式设立的经创立大会通过。

（5）有公司名称，建立符合股份有限公司要求的组织机构。

（6）有公司住所。

（二）公司设立的方式

1. 发起设立

发起设立，是指公司的资本由发起人全部认购，不向发起人之外的任何人募集而设立公司的方式。以发起设立方式设立公司的，发起人应按照公司章程的规定，按期足额缴纳出资。以非货币财产出资的，应当依法办理其财产权的转移手续，将财产所有权转至公司。发起人认足公司章程规定的出资后，应当选举董事会和监事会，由董事会向公司登记机关报送公司章程以及法律、行政法规规定的其他文件，申请设立登记。

公司登记机关对符合《公司法》规定条件的，予以登记，发给公司营业执照；对不符合《公司法》规定条件的，不予登记。公司营业执照签发日期，为公司成立日期。

发起设立具有设立程序简单的优点。其资本的筹集无须履行复杂的招股程序，属于较为通行的公司设立方式。有限责任公司和股份有限公司都可以采用发起设立的方式来组建公司。

2. 募集设立

募集设立，是指由发起人认购公司应发行股份的一部分，其余股份向社会公开募集或者向特定对象募集而设立公司。

（1）设立程序。

①发起人缴纳出资。以募集设立方式设立股份有限公司的，发起人认购的股份不得少于公司股份总数的百分之三十五。

②发起人向社会公开募集股份，公告招股说明书，并制作认股书。认股书应当载明发起人认购的股份数、每股的票面金额和发行价格、无记名股票的发行总数、募集资金的用途、认股人的权利和义务、本次募股的起止期限及逾期未募足时认股人可以撤回所认股份的说明，并由认股人填写认购股数、金额、住所，并签名、盖章。认股人按照所认购股数缴纳股款。

③股票承销。发起人向社会公开募集股份，应当由依法设立的证券公司承销，签订承销协议。

④代收股款。发起人向社会公开募集股份，应当同银行签订代收股款协议。代收股款的银行应当按照协议代收和保存股款，向缴纳股款的认股人出具收款单据，并负有向有关部门出具收款证明的义务。

⑤验资及创立大会的召开。发行股份的股款缴足后，必须经依法设立的验资机构验资并出具证明。发起人应当自股款缴足之日起三十日内主持召开公司创立大会。创立大会由发起人、认股人组成。发起人应当在创立大会召开十五日前将会议日期通知各认股人或者予以公告。创立大会应有代表股份总数过半数的发起人、认股人出席，方可举行。

发行的股份超过招股说明书规定的截止期限尚未募足的，或者发行股份的股款缴足后，发起人在三十日内未召开创立大会的，认股人可以按照所缴股款并加算银行同期存款利息，要求发起人返还。

⑥申请设立登记。董事会应于创立大会结束后三十日内，向公司登记机关申请设立登记。

（2）发起人的责任。

股份有限公司发起人承担公司筹办事务。发起人应当签订发起人协议，明确各自在公司设立过程中的权利和义务。

以募集设立方式设立股份有限公司的，发起人应当承担下列责任：

①发起人认购的股份不得少于公司股份总数的百分之三十五。

②公司不能成立时，对设立行为所产生的债务和费用负连带责任。

③公司不能成立时，对认股人已缴纳的股款，负返还股款并加算银行同期存款利息的连带责任。

④在公司设立过程中，由于发起人的过失致使公司利益受到损害的，应当对公司承担赔偿责任。

募集设立的程序较为复杂，其与发起设立的主要不同在于公司在设立阶段可以向外招募股份。基于有限责任公司的人合性和出资转让的限制性，只有股份有限公司方能采取募集设立方式设立公司。

【关联法条】

《中华人民共和国公司法》
第二十三条　设立有限责任公司，应当具备下列条件：
（一）股东符合法定人数；
（二）有符合公司章程规定的全体股东认缴的出资额；
（三）股东共同制定公司章程；
（四）有公司名称，建立符合有限责任公司要求的组织机构；
（五）有公司住所。
第二十五条　有限责任公司章程应当载明下列事项：
（一）公司名称和住所；
（二）公司经营范围；
（三）公司注册资本；
（四）股东的姓名或者名称；
（五）股东的出资方式、出资额和出资时间；
（六）公司的机构及其产生办法、职权、议事规则；
（七）公司法定代表人；
（八）股东会会议认为需要规定的其他事项。
股东应当在公司章程上签名、盖章。
第二十九条　股东认足公司章程规定的出资后，由全体股东指定的代表或者共同委托的代理人向公司登记机关报送公司登记申请书、公司章程等文件，申请设立登记。

第七十六条　设立股份有限公司，应当具备下列条件：

（一）发起人符合法定人数；

（二）有符合公司章程规定的全体发起人认购的股本总额或者募集的实收股本总额；

（三）股份发行、筹办事项符合法律规定；

（四）发起人制订公司章程，采用募集方式设立的经创立大会通过；

（五）有公司名称，建立符合股份有限公司要求的组织机构；

（六）有公司住所。

第七十七条　股份有限公司的设立，可以采取发起设立或者募集设立的方式。

发起设立，是指由发起人认购公司应发行的全部股份而设立公司。

募集设立，是指由发起人认购公司应发行股份的一部分，其余股份向社会公开募集或者向特定对象募集而设立公司。

第七十八条　设立股份有限公司，应当有二人以上二百人以下为发起人，其中须有半数以上的发起人在中国境内有住所。

【案例评析】

原告与被告 HHC 文化公司、HHC 酒店公司签订投资合作协议后，在履行过程中双方协商一致解除合作协议，解除协议书明确约定被告 HHC 文化公司、HHC 酒店公司赔偿原告各种损失共计 800 万元，后又向原告出具承诺书，自愿将赔偿金额增加至 900 万元，并承诺逾期按月息 2% 支付利息。原、被告之间的合作协议及解除协议书、承诺书系双方当事人真实意思表示，不违反法律法规强制性规定，被告 HHC 文化公司、HHC 酒店公司应按约定赔偿原告损失并支付逾期付款利息。被告辩称解除协议书和承诺书是因重大误解订立的，但未提供证据证实，因此不予采信，被告 HHC 文化公司、HHC 酒店公司应按约定赔偿原告损失 900 万元并支付相应利息。

被告董某自愿提供担保并在承诺书担保人处签字，未约定保证方式、保证范围、保证期间，应按连带责任保证对全部债务承担保证责任，原告在保证期间内要求被告董某承担保证责任，应予以支持。

审理法院最终判决如下：一、被告徐州 HHC 文化旅游发展有限公司、徐州 HHC 酒店管理有限公司于本判决生效后十日内赔偿原告北京 HQ 健康管理有限公司损失 900 万元及利息（截至 2018 年 9 月 17 日利息为 7.2 万元，之后利息以 900 万元为本金，按月利率 2% 计算至实际付清之日止）；二、被告董某对上述第一项债务承担连带保证责任，被告董某承担保证责任后有权向债务人徐州 HHC 文化旅游发展有限公司、徐州 HHC 酒店管理有限公司追偿。

【案例启示】

公司的法定性决定了公司的设立必须严格按照《中华人民共和国公司法》所规定的条件及程序。大学生在创新创业过程中，如果需要设立公司，就需要提前了解公司设立的相关法律规定，避免公司在最初的法律阶段出现法律风险，从而为今后公司的顺利发展保驾护航。

第三节 公司的资本

【案例介绍】

西安市 DH 餐饮有限责任公司（以下简称"DH 公司"）成立于 1990 年 4 月 5 日。2004 年 5 月，DH 公司由国有企业改制为有限责任公司，宋某军系 DH 公司员工，出资 2 万元成为 DH 公司的自然人股东。DH 公司章程第三章"注册资本和股份"下第十四条规定"公司股权不向公司以外的任何团体和个人出售、转让。公司改制一年后，经董事会批准后可在公司内部赠予、转让和继承。持股人死亡或退休经董事会批准后方可继承、转让或由企业收购，持股人若辞职、调离或被辞退、解除劳动合同的，人走股留，所持股份由企业收购……"第十三章"股东认为需要规定的其他事项"下第六十六条规定"本章程由全体股东共同认可，自公司设立之日起生效"。该公司章程经 DH 公司全体股东签名通过。2006 年 6 月 3 日，宋某军向公司提出解除劳动合同，并申请退出其所持有的公司的 2 万元股份。2006 年 8 月 28 日，经 DH 公司法定代表人赵某锁同意，宋某军领到退出股金款 2 万元整。2007 年 1 月 8 日，DH 公司召开 2006 年度股东大会，大会应到股东 107 人，实到股东 104 人，代表股权占公司股份总数的 93%，会议审议通过了宋某军、王某青、杭某国三位股东退股的申请并决议"其股金暂由公司收购保管，不得参与红利分配"。后宋某军以 DH 公司的回购行为违反法律规定，未履行法定程序且《公司法》规定股东不得抽逃出资等，请求依法确认其具有 DH 公司的股东资格。

案例来源：最高人民法院发布第 96 号指导案例。

【争议问题】

1. 公司股权的转让有什么条件？
2. 公司章程能否对股权转让的条件及程序进行特殊规定？

【理论知识】

（一）公司资本的构成

公司资本是指在公司成立时由章程所确定的由股东出资构成的公司财产总额。根据《公司法》规定，股东可以用货币出资，也可以用实物、知识产权、土地使用权等能用货币估价并能依法转让的非货币财产作价出资；但是，法律、行政法规规定不得作为出资的财产除外。

对作为出资的非货币财产应当评估作价、核实财产，不得高估或者低估作价。法律、行政法规对评估作价有规定的，从其规定。股东应当按期足额缴纳公司章程中规定的各自所认缴的出资额。股东以货币出资的，应当将货币出资足额存入有限责任公司在银行开设的账户；以非货币财产出资的，应当依法办理其财产权的转移手续。股东出资后不得撤资或抽逃资金。

（二）股东违反出资义务的法律后果

1. 足额缴纳责任

股东不按照《公司法》及公司章程规定缴纳出资的，应当向公司足额缴纳。

2. 违约责任

股东不按照《公司法》及公司章程规定缴纳出资的，除足额缴纳外，还应当向已按期足额缴纳出资的股东承担违约责任。

3. 差额补足责任

公司成立后，发现作为设立公司出资的非货币财产的实际价额显著低于公司章程所定价额的，应当由交付该出资的股东补足其差额；公司设立时的其他股东承担连带责任。这里需要注意判断是否"显著低于"的时间节点，《最高人民法院关于适用〈中华人民共和国公司法〉若干问题的规定（三）》第十六条进一步明确："出资人以符合法定条件的非货币财产出资后，因市场变化或者其他客观因素导致出资财产贬值，公司、其他股东或者公司债权人请求该出资人承担补足出资责任的，人民法院不予支持。但是，当事人另有约定的除外。"

讨论案例：甲、乙、丙3人共同组建一有限责任公司。公司成立后，甲将其20%股权中的5%转让给第三人丁，丁通过受让股权成为公司股东。甲、乙均按期足额缴纳出资，但发现由丙出资的机器设备在公司成立时的实际价值明显低于公司章程所确定的数额。此时，应如何处理？

分析：此案中的有限责任公司成立后，发现作为设立公司出资的非货币财产的实际价额显著低于公司章程所定价额的，应当由交付该出资的股东补足其差额；公司设立时的其他股东承担连带责任。丙应补交其差额，甲、乙对其承担连带责任。丁是公司成立后受让股权成为股东的，不是公司设立时的股东，不应当为公司设立时股东丙的不足额出资承担连带责任。

（三）出资的转让

1. 有限责任公司的出资转让

（1）对内自由转让。

有限责任公司的股东之间可以相互转让其全部或者部分股权。有限责任公司具有一定的人合性，股东之间转让股权不需要取得其他股东的同意。

（2）对外转让限制。

股东向股东以外的人转让股权，应当经其他股东过半数同意。股东应就其股权转让事项书面通知其他股东征求同意，其他股东自接到书面通知之日起满三十日未答复的，视为同意转让。其他股东半数以上不同意转让的，不同意的股东应当购买该转让的股权；不购买的，视为同意转让。

经股东同意转让的股权，在同等条件下，其他股东有优先购买权。两个以上股东主张行使优先购买权的，协商确定各自的购买比例；协商不成的，按照转让时各自的出资比例行使优先购买权。

公司章程对股权转让另有规定的，从其规定。

2. 股份有限公司的出资转让

（1）股东转让其股份，应当在依法设立的证券交易场所进行或者按照国务院规定的其他场所进行。

（2）记名股票由股东以背书方式或者法律、行政法规规定的其他方式转让；转让后由公司将受让人的姓名或者名称及住所记载于股东名册。

（3）无记名股票的转让，由股东将该股票交付给受让人后即发生转让的效力。

（4）发起人持有的本公司股份，自公司成立之日起1年内不得转让。

公司董事、监事、高级管理人员应当向公司申报所持有的本公司的股份及其变动情况，在任职期间每年转让的股份不得超过其所持有本公司股份总数的25%；所持本公司股份自公司股票上市交易之日起1年内不得转让。上述人员离职后半年内，不得转让其所持有的本公司股份。

（6）公司除特定情况一般不得收购本公司股份。

（7）公司不得接受本公司的股票作为质押权的标的。

（四）增资与减资

1. 增资

增资即增加资本，是指公司依照法定的条件和程序，增加公司的资本总额。

有限责任公司的增资属特别决议，须经代表2/3以上表决权的股东通过，方能做出决议；股份有限公司的增资亦须经出席会议的股东所持表决权的2/3以上通过。

2. 减资

减资即减少资本，是指公司依照法定条件和程序，减少公司的资本总额。

与增资相同，有限责任公司减资决议的做出亦须经代表2/3以上表决权的股东通过。公司决议减少注册资本时，必须编制资产负债表及财产清单。公司应当自做出减少注册资本决议之日起10日内通知债权人，并于30日内在报纸上公告。债权人自接到通知书之日起30日内，未接到通知书的自公告之日起45日内，有权要求公司清偿债务或者提供相应的担保。

股份有限公司的减资决议亦应由出席股东的2/3以上的表决权通过。减少公司发行的任何类别股份的总数，还必须报有关部门审查同意。同时，须履行与有限责任公司相同的法定减资程序。

【关联法条】

《中华人民共和国公司法》

第二十六条 有限责任公司的注册资本为在公司登记机关登记的全体股东认缴的出资额。

第二十七条 股东可以用货币出资，也可以用实物、知识产权、土地使用权等可以用货币估价并可以依法转让的非货币财产作价出资；但是，法律、行政法规规定不得作为出资的财产除外。

对作为出资的非货币财产应当评估作价，核实财产，不得高估或者低估作价。法律、行政法规对评估作价有规定的，从其规定。

第七十一条 有限责任公司的股东之间可以相互转让其全部或者部分股权。

股东向股东以外的人转让股权，应当经其他股东过半数同意。股东应就其股权转让事项书面通知其他股东征求同意，其他股东自接到书面通知之日起满三十日未答复的，视为同意转让。其他股东半数以上不同意转让的，不同意的股东应当购买该转让的股权；不购买的，视为同意转让。

经股东同意转让的股权，在同等条件下，其他股东有优先购买权。两个以上股东主张行使优先购买权的，协商确定各自的购买比例；协商不成的，按照转让时各自的出资比例行使优先购买权。

公司章程对股权转让另有规定的，从其规定。

第七十三条 依照本法第七十一条、第七十二条转让股权后，公司应当注销原股东的出资证明书，向新股东签发出资证明书，并相应修改公司章程和股东名册中有关股东及其出资额的记载。对公司章程的该项修改不需再由股东会表决。

第七十五条 自然人股东死亡后，其合法继承人可以继承股东资格；但是，公司章程另有规定的除外。

第一百三十七条 股东持有的股份可以依法转让。

第一百三十八条 股东转让其股份，应当在依法设立的证券交易场所进行或者按照国务院规定的其他方式进行。

第一百三十九条 记名股票，由股东以背书方式或者法律、行政法规规定的其他方式转让；转让后由公司将受让人的姓名或者名称及住所记载于股东名册。

第一百四十条 无记名股票的转让，由股东将该股票交付给受让人后即发生转让的效力。

第一百四十一条 发起人持有的本公司股份，自公司成立之日起一年内不得转让。公司公开发行股份前已发行的股份，自公司股票在证券交易所上市交易之日起一年内不得转让。

公司董事、监事、高级管理人员应当向公司申报所持有的本公司的股份及其变动情况，在任职期间每年转让的股份不得超过其所持有本公司股份总数的百分之二十五；所持本公司股份自公司股票上市交易之日起一年内不得转让。上述人员离职后半年内，不得转让其所持有的本公司股份。公司章程可以对公司董事、监事、高级管理人员转让其所持有的本公司股份做出其他限制性规定。

【案例评析】

西安市碑林区人民法院于2014年6月10日做出（2014）碑民初字第01339号民事判决，判令：驳回原告宋某军要求确认其具有被告西安市DH餐饮有限责任公司股东资格之诉讼请求。一审宣判后，宋某军提出上诉。西安市中级人民法院于2014年10月10日做出了（2014）西中民四终字第00277号民事判决书，驳回上诉，维持原判。终审宣判后，宋某军仍不服，向陕西省高级人民法院申请再审。陕西省高级人民法院于

2015 年 3 月 25 日做出（2014）陕民二申字第 00215 号民事裁定，驳回宋某军的再审申请。

法院生效裁判认为：通过听取再审申请人宋某军的再审申请理由及被申请人 DH 公司的答辩意见，本案的焦点问题如下：第一，DH 公司的公司章程中关于"人走股留"的规定，是否违反了《公司法》的禁止性规定，该章程是否有效；第二，DH 公司回购宋某军股权是否违反《公司法》的相关规定，DH 公司是否构成抽逃出资。

针对第一个焦点问题，首先，DH 公司章程第十四条规定："公司股权不向公司以外的任何团体和个人出售、转让。公司改制一年后，经董事会批准后可以在公司内部赠予、转让和继承。持股人死亡或退休经董事会批准后方可继承、转让或由企业收购，持股人若辞职、调离或被辞退、解除劳动合同的，人走股留，所持股份由企业收购。"依照《公司法》第二十五条第二款"股东应当在公司章程上签名、盖章"的规定，有限公司章程系公司设立时全体股东一致同意并对公司及全体股东产生约束力的规则性文件，宋某军在公司章程上签名的行为，应视为其对前述规定的认可和同意，该章程对 DH 公司及宋某军均产生约束力。其次，基于有限责任公司封闭性和人合性的特点，由公司章程对公司股东转让股权做出某些限制性规定，系公司自治的体现。在本案中，DH 公司进行企业改制时，宋某军之所以成为 DH 公司的股东，是因为宋某军与 DH 公司具有劳动合同关系，如果宋某军与 DH 公司没有建立劳动关系，宋某军就没有成为 DH 公司股东的可能性。同理，DH 公司章程将是否与公司具有劳动合同关系作为取得股东身份的依据继而做出"人走股留"的规定，符合有限责任公司封闭性和人合性的特点，亦系公司自治原则的体现，不违反公司法的禁止性规定。最后，DH 公司章程第十四条关于股权转让的规定，属于对股东转让股权的限制性规定而非禁止性规定，宋某军依法转让股权的权利没有被公司章程所禁止，DH 公司章程不存在侵害宋某军股权转让权利的情形。综上，本案一、二审法院均认定 DH 公司章程不违反《公司法》的禁止性规定，应为有效的结论正确，宋某军的这一再审申请理由不能成立。

针对第二个焦点问题，《公司法》第七十四条所规定的异议股东回购请求权具有法定的行使条件，即只有在"公司连续五年不向股东分配利润，而公司该五年连续盈利，并且符合本法规定的分配利润条件的；公司合并、分立、转让主要财产的；公司章程规定的营业期限届满或者章程规定的其他解散事由出现，股东会会议通过决议修改章程使公司存续的"三种情形下，异议股东有权要求公司回购其股权，对应的是公司是否应当履行回购异议股东股权的法定义务。而本案属于 DH 公司是否有权基于公司章程的约定及与宋某军的合意而回购宋某军股权，对应的是 DH 公司是否具有回购宋某军股权的权利，二者性质不同，《公司法》第七十四条不能适用于本案。在本案中，宋某军于 2006 年 6 月 3 日向 DH 公司提出解除劳动合同申请并于同日手书"退股申请"，提出"本人要求全额退股，年终盈利与亏损与我无关"，该"退股申请"应视为其真实意思表示。DH 公司于 2006 年 8 月 28 日退还其全额股金款 2 万元，并于 2007 年 1 月 8 日召开股东大会审议通过了宋某军等三位股东的退股申请，DH 公司基于宋某军的退股申请，依照公司章程的规定回购宋某军的股权，程序并无不当。另外，《公司法》所规定的抽逃出资专指公司股东抽逃其对于公司出资的行为，公司不能构成抽逃出资的主体，宋某军的这一再审申请理由不能成立。综上，裁定驳回再审申请人宋某军的再审申请。

【案例启示】

《公司法》规定的法定资本制度应当履行，股东不能利用公司章程，做出违反《公司法》规定的行为。同学们在今后的学习工作中也应本着诚实信用原则，履行法定义务。

第四节　公司的组织机构

【案例介绍】

再审申请人李某因与被申请人深圳市 HT 在线网络有限公司（以下简称"HT 在线公司"）、深圳市 MGJ 科技有限公司（以下简称"MGJ 公司"）及二审被上诉人广东省 DR 医院（以下简称"DR 医院"）损害公司利益责任纠纷一案，不服广东省高级人民法院（2019）粤民终 1027 号民事判决，向最高人民法院申请再审。

法院经审理查明，2015 年 4 月 28 日之前，李某担任 MGJ 公司的法定代表人、董事长和总经理。MGJ 公司是 HT 在线公司的全资股东。HT 在线公司于 2014 年 1 月获得和 DR 医院合作网络医院项目的商业机会。2014 年 11 月 20 日，DR 医院与深圳 YDY 科技有限公司（以下简称"YDY 公司"）签订《YDY 网络医院合作协议》后，转而与 YDY 公司合作网络医院项目并终止与 HT 在线公司就网络医院项目的合作。经审理查明，李某在担任 MGJ 公司董事长、总经理及技术团队主要负责人期间，未经 MGJ 公司股东会同意，另行操控 YDY 公司将 HT 在线公司与 DR 医院合作的网络医院项目交由 YDY 公司经营。

李某申请再审称：原判决符合《中华人民共和国民事诉讼法》第二百条第二项、第六项规定的情形，请求再审。具体理由如下：

第一，原判决擅自扩大《中华人民共和国公司法》关于损害公司利益责任纠纷案件赔偿义务主体范围，李某并非 HT 在线公司董事或高管，对该公司不负有竞业禁止义务。①基于违反竞业禁止义务而导致的索赔权诉讼，公司法对民事责任主体做出了明确具体的严格限制；②原审判决李某承担责任，混淆了公司法人各自治理结构下的严格责任区分；③原审判决母公司的股东或实际控制人对子公司承担竞业禁止义务，缺乏法律依据；④原判决关于《公司法》中董事、监事或高管忠实义务的扩张解释，有违立法原意；⑤即便适用《公司法》禁止股东权利滥用原则判令李某承担责任，也仅适用赔偿规则，而不能适用归入权规则。第二，原判决行使自由裁量权属错误。①本案不符合法定自由裁量权的行使条件，原审以酌定方式判令李某支付 2 916 万元赔偿金，明显不当；②原判决未在裁判文书中公开赔偿金计算依据并论证其正当性及合理性，不符合最高人民法院《关于在审判执行工作中切实规范自由裁量权行使保障法律统一适用的指导意见》第八条关于"行使自由裁量权……要充分保障当事人的知情权，并根据当事人的要求，向当事人释明行使自由裁量权的依据、考量因素等事项"的规定。

案例来源：裁判文书网（2021）最高法民申 1686 号。

【争议问题】

1. 公司高级管理人员的义务是什么？
2. 本案中，李某是否违反了相关义务规定？

【理论知识】

（一）公司的组织机构概述

公司的组织机构是为了适应公司的组织机能而依法设置的组织系统。此处，我们以有限责任公司为例进行说明，并与股份有限公司进行对比分析。

（二）股东会

股东会是公司中由全体股东组成的公司权力机构。

1. 股东会的特征

股东会有以下三个特征：

（1）由全体有表决权的股东组成；

（2）是公司的最高权力机构；

（3）属于法定的非常设机构。

2. 股东会的职权

（1）决定公司的经营方针和投资计划；

（2）选举和更换非由职工代表担任的董事、监事，决定有关董事、监事的报酬事项；

（3）审议批准董事会的报告；

（4）审议批准监事会或者监事的报告；

（5）审议批准公司的年度财务预算方案、决算方案；

（6）审议批准公司的利润分配方案和弥补亏损方案；

（7）对公司增加或者减少注册资本做出决议；

（8）对发行公司债券做出决议；

（9）对公司合并、分立、解散、清算或者变更公司形式做出决议；

（10）修改公司章程；

（11）公司章程规定的其他职权。

对前款所列事项股东以书面形式一致表示同意的，可以不召开股东会会议，直接做出决定，并由全体股东在决定文件上签字、盖章。

3. 股东会的种类

股东会会议分为定期会议和临时会议。

（1）定期会议。

定期会议应当依照公司章程的规定按时召开。根据《公司法》的规定，股东大会应当每年召开一次年会。

（2）临时会议。

代表十分之一以上表决权的股东，三分之一以上的董事，监事会或者不设监事会的公司的监事提议召开临时会议的，应当召开临时会议。

4. 股东会的召集和主持

有限责任公司设立董事会的，股东会会议由董事会召集，董事长主持；董事长不能履行职务或者不履行职务的，由副董事长主持；副董事长不能履行职务或者不履行职务的，由半数以上董事共同推举一名董事主持。

有限责任公司不设董事会的，股东会会议由执行董事召集和主持。

董事会或者执行董事不能履行或者不履行召集股东会会议职责的，由监事会或者不设监事会的公司的监事召集和主持；监事会或者监事不召集和主持的，代表十分之一以上表决权的股东可以自行召集和主持。

召开股东会会议，应当于会议召开十五日前通知全体股东；但是，公司章程另有规定或者全体股东另有约定的除外。

股东会应当将所议事项的决定做成会议记录，出席会议的股东应当在会议记录上签字。

5. 股东会的决议

有限责任公司股东会会议由股东按照出资比例行使表决权，但是，公司章程另有规定的除外。股东会的议事方式和表决程序，由公司章程规定。

股东会决议，一般由表决权过半数通过。但是，股东会会议做出修改公司章程、增加或者减少注册资本的决议，以及公司合并、分立、解散或者变更公司形式的决议，必须经代表 2/3 以上表决权的股东通过。

《公司法》对有限责任公司与股份有限公司股东会规定的对比见表 1-1。

表 1-1　《公司法》对有限责任公司与股份有限公司股东会规定的对比

类别	有限责任公司	股份有限公司
职权	相同	相同
临时股东会的召开	代表十分之一以上表决权的股东，三分之一以上的董事，监事会或者不设监事会的公司的监事提议召开临时会议的，应当召开临时会议	《公司法》规定，股份有限公司有下列情形之一的，应当在两个月内召开临时股东大会：①董事人数不足本法规定人数或者公司章程所定人数的三分之二时；②公司未弥补的亏损达实收股本总额三分之一时；③单独或者合计持有公司百分之十以上股份的股东请求时；④董事会认为必要时；⑤监事会提议召开时；⑥公司章程规定的其他情形

表1-1（续）

类别	有限责任公司	股份有限公司
表决	有限责任公司股东会会议由股东按照出资比例行使表决权，一般由表决权过半数通过。 股东会会议做出修改公司章程、增加或者减少注册资本的决议，以及公司合并、分立、解散或者变更公司形式的决议，必须经代表三分之二以上表决权的股东通过	股东所持每一股份有一表决权；但是，公司持有的本公司股份没有表决权。股东大会做出决议，必须经出席会议的股东所持表决权过半数通过。但是，股东大会做出修改公司章程、增加或者减少注册资本的决议，以及公司合并、分立、解散或者变更公司形式的决议，必须经出席会议的股东所持表决权的三分之二以上通过。 公司转让、受让重大资产或者对外提供担保等事项必须经股东大会做出决议的，董事会应当及时召集股东大会会议，由股东大会就上述事项进行表决

（三）董事会

董事会是由股东会选举产生的，由全体董事组成的行使经营决策和管理权的公司常设的集体业务执行机关。

1. 董事会的组成

有限责任公司设董事会，其成员为三人至十三人；股东人数较少或者规模较小的有限责任公司，可以设一名执行董事，不设董事会，执行董事可以兼任公司经理。两个以上的国有企业或者两个以上的其他国有投资主体投资设立的有限责任公司，其董事会成员中应当有公司职工代表；其他有限责任公司董事会成员中可以有公司职工代表。董事会中的职工代表由公司职工通过职工代表大会、职工大会或者其他形式民主选举产生。

董事会设董事长一人，可以设副董事长。董事长、副董事长的产生办法由公司章程规定。

董事任期由公司章程规定，但每届任期不得超过三年。董事任期届满，连选可以连任。

2. 董事会的职权

（1）召集股东会会议，并向股东会报告工作；

（2）执行股东会的决议；

（3）决定公司的经营计划和投资方案；

（4）制订公司的年度财务预算方案、决算方案；

（5）制订公司的利润分配方案和弥补亏损方案；

（6）制订公司增加或者减少注册资本以及发行公司债券的方案；

（7）制订公司合并、分立、解散或者变更公司形式的方案；

（8）决定公司内部管理机构的设置；

（9）决定聘任或者解聘公司经理及其报酬事项，并根据经理的提名决定聘任或者解聘公司副经理、财务负责人及其报酬事项；

（10）制定公司的基本管理制度；

（11）公司章程规定的其他职权。

3. 董事会的召集与主持

董事会会议由董事长召集和主持；董事长不能履行职务或者不履行职务的，由副董事长召集和主持；副董事长不能履行职务或者不履行职务的，由半数以上董事共同推举一名董事召集和主持。

4. 董事会决议

董事会的议事方式和表决程序，除本法有规定的外，由公司章程规定。

董事会决议的表决，实行一人一票。

《公司法》对有限责任公司与股份有限公司董事会规定的对比见表1-2。

表1-2　《公司法》对有限责任公司与股份有限公司董事会规定的对比

类别	有限责任公司	股份有限公司
职权与任期	相同	相同
组成	有限责任公司设董事会，其成员为三人至十三人；股东人数较少或者规模较小的有限责任公司，可以设一名执行董事，不设董事会	股份有限公司设董事会，其成员为五人至十九人
议事规则	董事会决议的表决，实行一人一票，《公司法》没有规定的，由公司章程规定	董事会会议应有过半数的董事出席方可举行。董事会做出决议，必须经全体董事的过半数通过。董事会决议的表决，实行一人一票

5. 经理

有限责任公司可以设经理，由董事会决定聘任或者解聘。经理对董事会负责，行使下列职权：

（1）主持公司的生产经营管理工作，组织实施董事会决议；

（2）组织实施公司年度经营计划和投资方案；

（3）拟订公司内部管理机构设置方案；

（4）拟订公司的基本管理制度；

（5）制定公司的具体规章；

（6）提请聘任或者解聘公司副经理、财务负责人；

（7）决定聘任或者解聘除应由董事会决定聘任或者解聘以外的负责管理人员；

（8）董事会授予的其他职权。

公司章程对经理职权另有规定的，从其规定。

经理列席董事会会议。

（四）监事会

1. 监事会的组成

监事会成员不得少于三人。股东人数较少或者规模较小的有限责任公司，可以设一至二名监事，不设监事会。

监事会应当包括股东代表和适当比例的公司职工代表，其中职工代表的比例不得低于三分之一，具体比例由公司章程规定。监事会中的职工代表由公司职工通过职工代表大会、职工大会或者其他形式民主选举产生。

监事会设主席一人，由全体监事过半数选举产生。监事会主席召集和主持监事会会议；监事会主席不能履行职务或者不履行职务的，由半数以上监事共同推举一名监事召集和主持监事会会议。

董事、高级管理人员不得兼任监事。

监事的任期每届为三年。监事任期届满，连选可以连任。

2. 监事会的职权

监事会的职权有以下七个方面：

（1）检查公司财务；

（2）对董事、高级管理人员执行公司职务的行为进行监督，对违反法律、行政法规、公司章程或者股东会决议的董事、高级管理人员提出罢免的建议；

（3）当董事、高级管理人员的行为损害公司的利益时，要求董事、高级管理人员予以纠正；

（4）提议召开临时股东会会议，在董事会不履行本法规定的召集和主持股东会会议职责时召集和主持股东会会议；

（5）向股东会会议提出提案；

（6）依照《公司法》第一百五十一条的规定，对董事、高级管理人员提起诉讼；

（7）公司章程规定的其他职权。

监事可以列席董事会会议，并对董事会决议事项提出质询或者建议。

监事会、不设监事会的公司的监事发现公司经营情况异常，可以进行调查；必要时，可以聘请会计师事务所等协助其工作，费用由公司承担。

3. 监事会会议

监事会每年度至少召开一次会议，监事可以提议召开临时监事会会议。

监事会的议事方式和表决程序，除《公司法》有规定的外，由公司章程规定。

监事会决议应当经半数以上监事通过。

监事会应当对所议事项的决定作成会议记录，出席会议的监事应当在会议记录上签名。

《公司法》对有限责任公司与股份有限公司董事会规定对比见表1-3。

表1-3　《公司法》对有限责任公司与股份有限公司董事会规定的对比

类别	有限责任公司	股份有限公司
职权	相同	相同
组成	监事会成员不得少于三人。股东人数较少或者规模较小的有限责任公司，可以设一至二名监事，不设监事会	股份有限公司设监事会，其成员不得少于三人
会议制度	监事会每年度至少召开一次会议，监事可以提议召开临时监事会会议	监事会每六个月至少召开一次会议。监事可以提议召开临时监事会会议

（五）公司董事、监事、高级管理人员的任职资格与义务

1. 公司董事、监事、高级管理人员的任职资格

有下列情形之一的，不得担任公司的董事、监事、高级管理人员：

（1）无民事行为能力或者限制民事行为能力；

（2）因贪污、贿赂、侵占财产、挪用财产或者破坏社会主义市场经济秩序，被判处刑罚，执行期满未逾五年，或者因犯罪被剥夺政治权利，执行期满未逾五年；

（3）担任破产清算的公司、企业的董事或者厂长、经理，对该公司、企业的破产负有个人责任的，自该公司、企业破产清算完结之日起未逾三年；

（4）担任因违法被吊销营业执照、责令关闭的公司、企业的法定代表人，并负有个人责任的，自该公司、企业被吊销营业执照之日起未逾三年；

（5）个人所负数额较大的债务到期未清偿。

公司违反前款规定选举、委派董事、监事或者聘任高级管理人员的，该选举、委派或者聘任无效。

董事、监事、高级管理人员在任职期间出现本条第一款所列情形的，公司应当解除其职务。

2. 公司董事、监事、高级管理人员的义务

董事、监事、高级管理人员应当遵守法律、行政法规和公司章程，对公司负有忠实义务和勤勉义务。董事、监事、高级管理人员不得利用职权收受贿赂或者其他非法收入，不得侵占公司的财产。

董事、高级管理人员不得有下列行为：

（1）挪用公司资金；

（2）将公司资金以其个人名义或者以其他个人名义开立账户存储；

（3）违反公司章程的规定，未经股东会、股东大会或者董事会同意，将公司资金借贷给他人或者以公司财产为他人提供担保；

（4）违反公司章程的规定或者未经股东会、股东大会同意，与本公司订立合同或者进行交易；

（5）未经股东会或者股东大会同意，利用职务便利为自己或者他人谋取属于公司的商业机会，自营或者为他人经营与所任职公司同类的业务；

（6）接受他人与公司交易的佣金归为己有；

（7）擅自披露公司秘密；

（8）违反对公司忠实义务的其他行为。

3. 违反义务的法律责任

董事、高级管理人员违反前款规定所得的收入应当归公司所有。

董事、监事、高级管理人员执行公司职务时违反法律、行政法规或者公司章程的规定，给公司造成损失的，应当承担赔偿责任。

【关联法条】

《中华人民共和国公司法》

第一百四十六条　有下列情形之一的，不得担任公司的董事、监事、高级管理人员：

（一）无民事行为能力或者限制民事行为能力；

（二）因贪污、贿赂、侵占财产、挪用财产或者破坏社会主义市场经济秩序，被判处刑罚，执行期满未逾五年，或者因犯罪被剥夺政治权利，执行期满未逾五年；

（三）担任破产清算的公司、企业的董事或者厂长、经理，对该公司、企业的破产负有个人责任的，自该公司、企业破产清算完结之日起未逾三年；

（四）担任因违法被吊销营业执照、责令关闭的公司、企业的法定代表人，并负有个人责任的，自该公司、企业被吊销营业执照之日起未逾三年；

（五）个人所负数额较大的债务到期未清偿。

公司违反前款规定选举、委派董事、监事或者聘任高级管理人员的，该选举、委派或者聘任无效。

董事、监事、高级管理人员在任职期间出现本条第一款所列情形的，公司应当解除其职务。

第一百四十七条　董事、监事、高级管理人员应当遵守法律、行政法规和公司章程，对公司负有忠实义务和勤勉义务。

董事、监事、高级管理人员不得利用职权收受贿赂或者其他非法收入，不得侵占公司的财产。

第一百四十九条　董事、监事、高级管理人员执行公司职务时违反法律、行政法规或者公司章程的规定，给公司造成损失的，应当承担赔偿责任。

第一百五十条　股东会或者股东大会要求董事、监事、高级管理人员列席会议的，董事、监事、高级管理人员应当列席并接受股东的质询。

董事、高级管理人员应当如实向监事会或者不设监事会的有限责任公司的监事提供有关情况和资料，不得妨碍监事会或者监事行使职权。

第一百五十一条　董事、高级管理人员有本法第一百四十九条规定的情形的，有限责任公司的股东、股份有限公司连续一百八十日以上单独或者合计持有公司百分之一以上股份的股东，可以书面请求监事会或者不设监事会的有限责任公司的监事向人民法院提起诉讼；监事有本法第一百四十九条规定的情形的，前述股东可以书面请求董事会或者不设董事会的有限责任公司的执行董事向人民法院提起诉讼。

监事会、不设监事会的有限责任公司的监事，或者董事会、执行董事收到前款规定的股东书面请求后拒绝提起诉讼，或者自收到请求之日起三十日内未提起诉讼，或者情况紧急、不立即提起诉讼将会使公司利益受到难以弥补的损害的，前款规定的股东有权为了公司的利益以自己的名义直接向人民法院提起诉讼。

他人侵犯公司合法权益，给公司造成损失的，本条第一款规定的股东可以依照前两款的规定向人民法院提起诉讼。

第一百五十二条　董事、高级管理人员违反法律、行政法规或者公司章程的规定，损害股东利益的，股东可以向人民法院提起诉讼。

【案例评析】

其一，关于李某是否违反了对 MGJ 公司、HT 在线公司所负忠实义务和竞业禁止义务的问题。首先，李某对 MGJ 公司负有忠实义务和竞业禁止义务。原审查明，2015 年

4月28日之前，李某担任MGJ公司的法定代表人、董事长和总经理。根据《公司法》第一百四十七条、第一百四十八条、第一百四十九条的规定，李某在作为MGJ公司的董事、总经理期间对MGJ公司负有法定的忠实义务和竞业禁止义务，不得篡夺MGJ公司的商业机会。其次，李某对HT在线公司亦负有忠实义务和竞业禁止义务。《公司法》关于董事对公司所负的忠实义务、竞业禁止义务应不限于董事所任职的公司自身，还应包括公司的全资子公司、控股公司等，如此方能保障公司及其他股东的合法权益，真正实现公司法设置忠实义务、竞业禁止义务的立法本意。本案中，MGJ公司是HT在线公司的全资股东，双方利益具有显见的一致性，李某对MGJ公司所负的忠实义务和竞业禁止义务应自然延伸至MGJ公司的子公司HT在线公司。最后，李某实施了损害HT在线公司利益的行为。本案中，HT在线公司于2014年1月已经获得和DR医院合作网络医院项目的商业机会，DR医院系在与YDY公司于2014年11月20日签订《YDY网络医院合作协议》后，转而与YDY公司合作网络医院项目并终止与HT在线公司就网络医院项目的合作。根据李某出具的《情况说明》中关于其代表的MGJ公司技术方、创始人团队等资本方在经营MGJ公司、HT在线公司过程中出现矛盾等陈述，可以证明李某在担任MGJ公司董事长、总经理及技术团队主要负责人期间，未经MGJ公司股东会同意，另行操控YDY公司将HT在线公司与DR医院合作的网络医院项目交由YDY公司经营，非法获取了本属HT在线公司的商业机会，损害了HT在线公司及其母公司MGJ公司的利益。据此，原判决认定李某违反了对MGJ公司和HT在线公司所负忠实义务和竞业禁止义务，并无不当。

其二，关于李某对HT在线公司损失承担的赔偿责任问题。本案中，李某将其任职高管的MGJ公司全资子公司HT在线公司的业务交由其实际控制的YDY公司经营，谋取了属于HT在线公司的商业机会，损害了HT在线公司的利益，违反了对HT在线公司所负忠实义务和竞业禁止义务。根据《公司法》第一百四十八条第二款、第一百四十九条的规定，李某由此获得的收入归HT在线公司所有，以弥补HT在线公司的实际损失。但在HT在线公司损失标的系商业机会难以准确认定数额且李某的个人获益和MGJ公司及其股东的实际损失亦无法认定的情况下，原判决综合考虑YDY等公司的运营成本、网络医院项目的发展前景和技术团队、资本团队对网络医院项目的投入、贡献情况，酌定李某向HT在线公司赔偿2916万元以弥补HT在线公司和MGJ公司及其背后投资人的实际损失及合理期待利益，亦无不当。

其三，关于原审程序是否应当中止的问题。本案中，李某主张HT在线公司在原审诉讼中，已向人民法院提出破产申请，本案应当中止审理。但根据李某提交的HT在线公司申请破产程序的相关材料，HT在线公司已通过分期支付清偿安排自行协商等方式，分别与债权人达成债务清偿的安排且已实际支付和解协议约定的债权清偿款项，企业破产的原因已不存在，破产程序已终结。

综上，李某的再审申请不符合《中华人民共和国民事诉讼法》第二百条第二项、第六项规定的情形。本院依照《中华人民共和国民事诉讼法》第二百零四条第一款、《最高人民法院关于适用〈中华人民共和国民事诉讼法〉的解释》第三百九十五条第二款之规定，裁定如下：

驳回李某的再审申请。

【案例启示】

法律对公司的组织机构有着严格的规定，公司在设立、运行、决策过程中应严格按规定进行，否则会有导致相关决策无效的法律风险。公司的高级管理人员应承担忠实、勤勉义务，这也是诚信原则的基本要求。

党的二十大报告指出："弘扬社会主义法治精神，传承中华优秀传统法律文化，引导全体人民做社会主义法治的忠实崇尚者、自觉遵守者、坚定捍卫者。建设覆盖城乡的现代公共法律服务体系，深入开展法治宣传教育，增强全民法治观念。推进多层次多领域依法治理，提升社会治理法治化水平。发挥领导干部示范带头作用，努力使尊法学法守法用法在全社会蔚然成风。"领导干部需要起示范带头作用，企业高管亦是如此，每个公民亦应不断增强法治观念，弘扬法治精神。

第五节　公司的变更与终止

【案例介绍】

江苏 SC 酒业有限公司（以下简称"SC 公司"）是江苏省睢宁县唯一拥有酒精生产许可证的企业，对于地方经济发展具有重要影响。2013 年以来，由于企业盲目扩张，经营管理混乱，造成资金链断裂，并引发多起诉讼。徐州 DL 生物科技有限公司、徐州 RK 食品科技有限公司系 SC 公司关联企业，三家公司均是从事农产品深加工的生物科技公司。截至破产重整受理前，三家公司资产总额 1.25 亿元，负债总额 4.57 亿元，资产负债率达 365.60%。2017 年 12 月 29 日，三家公司以引进投资人、重振企业为由，分别向江苏省睢宁县人民法院（以下简称"睢宁法院"）申请破产重整。睢宁法院经审查认为，三家公司基础和发展前景较好，酒精生产资质属于稀缺资源，具有重整价值，遂于 2018 年 1 月 12 日分别裁定受理三家公司的破产重整申请。因三家公司在经营、财务、人员、管理等方面出现高度混同，且区分各关联企业成员财产的成本过高，遂依照《全国法院破产审判工作会议纪要》第三十二条的规定，依据管理人的申请，于 2018 年 6 月 25 日裁定三家公司实质合并破产重整。

重整期间，投资人徐州 CQ 生物科技有限公司在对 SC 公司的现状进场调查后提出：SC 公司已经停产停业多年，其核心资产酒精生产许可证已经脱审，面临灭失风险，还存在职工流失、机器设备闲置贬损以及消防、环保等安全隐患等影响重整的情况。同时，企业原管理层早已陷于瘫痪状态，无能力继续进行相关工作，公司账面无可用资金供管理人化解危机。在此情况下，管理人提出由重整投资人先行投入部分资金恢复企业部分产能的方案。

案例来源：最高人民法院指导案例 2021 年第 164 号。

【争议问题】

公司破产的程序及条件是什么?

【理论知识】

(一) 公司的合并

公司的合并是指两个或两个以上的公司依照《公司法》规定的条件和程序,通过订立合并协议,共同组成一个公司的法律行为。

1. 合并的方式

公司合并可以采取吸收合并或者新设合并。

一个公司吸收其他公司为吸收合并,被吸收的公司解散。两个以上公司合并设立一个新的公司为新设合并,合并各方解散。

2. 公司合并的程序

公司合并,应当由合并各方签订合并协议,并编制资产负债表及财产清单。公司应当自做出合并决议之日起十日内通知债权人,并于三十日内在报纸上公告。债权人自接到通知书之日起三十日内,未接到通知书的自公告之日起四十五日内,可以要求公司清偿债务或者提供相应的担保。

3. 合并的法律后果

公司合并时,合并各方的债权、债务,应当由合并后存续的公司或者新设的公司承继。解散的公司,办理注销登记,无须经过清算程序。存续公司办理变更登记,新设公司办理设立登记。

(二) 公司的分立

公司的分立是指一个公司依照《公司法》有关规定,又设立另一个公司或一个公司分解为两个以上的公司的法律行为。

1. 公司分立的程序

公司分立时,也须对其财产进行相应的分割。应当编制资产负债表及财产清单。公司应当自做出分立决议之日起十日内通知债权人,并于三十日内在报纸上公告。

2. 分立的后果

公司分立前的债务由分立后的公司承担连带责任。但是,公司在分立前与债权人就债务清偿达成的书面协议另有约定的除外。

(三) 公司解散

公司解散是指已成立的公司因发生法律或公司章程规定的事由,而停止业务活动,开始清理公司财产,了结公司债权债务关系的过程。

1. 公司解散原因

(1) 公司章程规定的营业期限届满或者公司章程规定的其他解散事由出现;

(2) 股东会或者股东大会决议解散;

(3) 因公司合并或者分立需要解散;

（4）依法被吊销营业执照、责令关闭或者被撤销；

（5）公司经营管理发生严重困难，继续存续会使股东利益受到重大损失，通过其他途径不能解决的，持有公司全部股东表决权百分之十以上的股东，可以请求人民法院解散公司。

2. 公司的清算

公司因《公司法》第一百八十条第（一）项、第（二）项、第（四）项、第（五）项规定而解散的，应当在解散事由出现之日起十五日内成立清算组，开始清算。有限责任公司的清算组由股东组成，股份有限公司的清算组由董事或者股东大会确定的人员组成。逾期不成立清算组进行清算的，债权人可以申请人民法院指定有关人员组成清算组进行清算。人民法院应当受理该申请，并及时组织清算组进行清算。

清算组应当自成立之日起十日内通知债权人，并于六十日内在报纸上公告。债权人应当自接到通知书之日起三十日内，未接到通知书的自公告之日起四十五日内，向清算组申报其债权。债权人申报债权，应当说明债权的有关事项，并提供证明材料。清算组应当对债权进行登记。在申报债权期间，清算组不得对债权人进行清偿。

清算组在清理公司财产、编制资产负债表和财产清单后，应当制订清算方案，并报股东会、股东大会或者人民法院确认。公司财产在分别支付清算费用、职工的工资、社会保险费用和法定补偿金，缴纳所欠税款，清偿公司债务后的剩余财产，有限责任公司按照股东的出资比例分配，股份有限公司按照股东持有的股份比例分配。清算期间，公司存续，但不得开展与清算无关的经营活动。公司财产在未依照前款规定清偿前，不得分配给股东。

清算组在清理公司财产、编制资产负债表和财产清单后，发现公司财产不足清偿债务的，应当依法向人民法院申请宣告破产。

公司经人民法院裁定宣告破产后，清算组应当将清算事务移交给人民法院。

公司清算结束后，清算组应当制作清算报告，报股东会、股东大会或者人民法院确认，并报送公司登记机关，申请注销公司登记，公告公司终止。

【关联法条】

《中华人民共和国公司法》

第一百八十条　公司因下列原因解散：

（一）公司章程规定的营业期限届满或者公司章程规定的其他解散事由出现；

（二）股东会或者股东大会决议解散；

（三）因公司合并或者分立需要解散；

（四）依法被吊销营业执照、责令关闭或者被撤销；

（五）人民法院依照本法第一百八十二条的规定予以解散。

第一百八十一条　公司有本法第一百八十条第（一）项情形的，可以通过修改公司章程而存续。

依照前款规定修改公司章程，有限责任公司须经持有三分之二以上表决权的股东通过，股份有限公司须经出席股东大会会议的股东所持表决权的三分之二以上通过。

第一百八十二条　公司经营管理发生严重困难，继续存续会使股东利益受到重大损失，通过其他途径不能解决的，持有公司全部股东表决权百分之十以上的股东，可以请求人民法院解散公司。

第一百八十三条　公司因本法第一百八十条第（一）项、第（二）项、第（四）项、第（五）项规定而解散的，应当在解散事由出现之日起十五日内成立清算组，开始清算。有限责任公司的清算组由股东组成，股份有限公司的清算组由董事或者股东大会确定的人员组成。逾期不成立清算组进行清算的，债权人可以申请人民法院指定有关人员组成清算组进行清算。人民法院应当受理该申请，并及时组织清算组进行清算。

第一百八十四条　清算组在清算期间行使下列职权：

（一）清理公司财产，分别编制资产负债表和财产清单；

（二）通知、公告债权人；

（三）处理与清算有关的公司未了结的业务；

（四）清缴所欠税款以及清算过程中产生的税款；

（五）清理债权、债务；

（六）处理公司清偿债务后的剩余财产；

（七）代表公司参与民事诉讼活动。

第一百八十八条　公司清算结束后，清算组应当制作清算报告，报股东会、股东大会或者人民法院确认，并报送公司登记机关，申请注销公司登记，公告公司终止。

第一百八十九条　清算组成员应当忠于职守，依法履行清算义务。

清算组成员不得利用职权收受贿赂或者其他非法收入，不得侵占公司财产。

清算组成员因故意或者重大过失给公司或者债权人造成损失的，应当承担赔偿责任。

【案例评析】

法院生效裁判认为，破产管理人所提出的债务人面临的相关问题真实存在，如企业赖以生存的酒精生产许可证灭失，则该企业的核心资产将不复存在，重整亦将失去意义。因债务人目前没有足够的资金供管理人使用，由投资人先行投入资金进行试生产可以解决重整过程中企业所面临的困境，亦能使企业资产保值、增值，充分保障债务人及债权人的利益，维护社会稳定，更有利于重整后企业的发展。破产管理人的申请，符合破产保护理念，亦不违反法律法规的相关规定，应予以准许。

关于是否允许投资人试生产的问题，法院在做出决定前，主要考虑了以下因素：

（1）试生产的必要性。

首先，破产企业面临严峻的形势：一是 SC 公司面临停产停业后酒精生产许可证脱审、生产资格将被取消的风险，且该资质灭失后难以再行获得，重整也将失去意义；二是该企业还面临环保、消防验收、机器设备长时间闲置受损等外部压力；三是原企业内部技术人员流失严重，职工因企业停产生活困难，极易发生群体性事件；四是企业管理层陷于瘫痪状态，无能力继续进行相关工作，公司账面无可用资金供管理人化解危机。其次，投资人参与重整程序最大的风险在于投出的资金及资产的安全性，投资人希望通过试生产全面了解企业实际状况及生产活力与动能，为重整后恢复经营提供保障。最后，SC公司作为当地生物科技领域的原龙头企业，对区域产业链的优化、转型及发展起到举足轻重的作用，在经济高质量发展的需求下，当地党委、政府亟须企业恢复产能，带动上下游产业发展，解决就业问题，维护社会稳定。综上，如不准许投资人进行试生产，则会给企业造成不可挽回的巨大损失，一旦失去酒精生产许可证，该企业的核心资产就不复存在，即便最后重整成功，企业也失去了核心竞争力。因此，允许投资人试生产是必要而迫切的。

（2）试生产的利益平衡。

成熟的破产重整制度应具有以下良性效果：通过重整拯救处于困境但又有存在价值的企业，使其恢复盈利能力继续经营，使企业职工就业生存权得到保障，债权人的债权得到合理的清偿，投资人的收益得到实现，各方的利益得到公平保护，从而实现社会安定、经济的稳定和发展。因此，在进行利益平衡时，一些核心的价值理念是公司重整时必须充分考虑的，这些理念就是公平与效率，灵活性与可预见性。允许企业试生产可以均衡各方利益，一是在投资人试生产前，债务人现有资产已经审计、评估后予以确认，根据管理人与投资人达成的投资协议，重整企业的偿债资金数额、来源也已确定，投资人进场试生产与重整企业清偿债务之间并不产生冲突；二是投资人投入部分资金进行试生产，有利于投资人充分了解企业情况及运营能力，为重整后企业发展打下基础；三是试生产能够恢复重整企业部分产能，使企业优质资产保值、增值；四是可以保障债权人的债权不受贬损，提高受偿比例；五是重整企业恢复一定规模的生产亦能解决破产企业因停产而面临的环保、消防安全、职工稳定等迫切问题，对企业重整有利无害。

（3）试生产的法律及理论依据。

首先，虽然《中华人民共和国企业破产法》（以下简称《企业破产法》）及相关司法解释对于投资人能否在接管企业前，提前进场进行试生产，没有具体法律规定，但为了实现《企业破产法》的拯救功能，在特定情况下，准许投资人进场试生产，通过市场化、法治化途径挽救困境企业，是符合我国破产审判需要的。其次，虽然投资人试生产可以解决投资人接管企业前，企业面临的上述问题，但为了避免投资人不合理的生产方式，损害破产重整中其他权利主体的利益，其试生产仍应以取得法院或债权人的批准或同意为宜，并接受法院、管理人以及债权人的监督。最后，由于我国现行破产法律规定尚不完善，在破产审判工作中，人民法院应强化服务大局意识，自觉增强工作的预见性和创造性，用创新思维解决破产重整过程中遇到的新困难、新问题，探索为企业破产重整提供长效保障机制。综上，为了维护各方主体的利益，确保重整后的企业能够迅速复工复产，实现企业重整的社会价值和经济价值，睢宁法院在获得各方利益主体同意的前提下，遂允许投资人提前进场试生产。

（4）试生产的社会价值。

首先，法院批准企业在重整期间进行试生产，通过破产程序与企业试生产同步进行，可以保证重整与复工复产无缝衔接、平稳过渡，全力保障尚具潜质企业重生。其次，试生产可为企业复工生产排忧解难，如在新冠病毒感染疫情防控的背景下，试生产可使消毒防疫物资迅速驰援一线，这体现了人民法院的司法担当，为辖区民营企业，特别是中小微企业的发展营造了优质高效的营商环境，用精准的司法服务为企业复工复产提供了高质量的司法保障。最后，该企业系区域生物科技领域的潜质企业，对经济产业结构优化、转型、升级具有显著推动作用，适应经济高质量发展的大局要求。

【案例启示】

公司的法定性是公司的基本特征，公司在合并、分立、解散时都需要严格依据法定程序，履行相应的登记程序，否则会对公司或股东产生不利的法律后果。

第二章

非公司企业法

第一节　合伙企业法

一、合伙企业的成立

【案例介绍】

郭某与王某于 2019 年 1 月 13 日签订了一份《1+1AG 教育合作协议》（以下简称《协议》）。该《协议》约定：二人合伙开办 1+1AG 教育机构，郭某以房屋使用权作价 5 万元入股，占全部股份的 30%；王某以师资力量、教学管理、1+1AG 教育品牌形象入股，占股份的 70%；合伙期限为 2019 年 1 月 13 日至 2020 年 1 月 13 日；郭某提供的房屋在大安市安广镇，登记位置为 2-6-×（1-3 屋），实际使用面积为 570 平方米；王某负责教育机构的招生、运营、制定课时、接待学生家长，定期向郭某提供账目明细，承担水费、电费、取暖费、网络费，负责装修、一次性投入的设备及所有设备的维护更新费用，负担承担全部亏损，如果郭某当年的分红少于 5 万元，应由王某予以补齐；郭某配合王某的装修，并提供房产证等相关手续配合办理学校营业所需手续，确保房屋正常使用、提供室内已有的器材，但不参加教学管理；郭某的收益占学校总利润的 30%，王某的收益占学校总利润的 70%；一次性投入的设备以及所有的设备维护更新费用，由王某承担，计入学校运营成本；每年进行四次分红等。郭某认为合伙过程中已经产生了利润，但是并未收到相关的分红，因此向人民法院起诉要求王某支付 5 万元分红。另查明，1+1AG 教育办理了企业营业执照。

案例来源：（2020）吉 08 民终 1298 号（略有改动）。

【争议问题】

合伙协议中约定部分合伙人不承担亏损的条款是否有效？

【理论知识】

合伙是指两个以上的人因为共同的目的，相互约定共同出资、共同经营、共享收益、共担风险的自愿联合。当合伙关系按照《中华人民共和国合伙企业法》（以下简称《合伙企业法》）的相关规定进行登记并取得营业执照后，就表现为合伙企业。因此，合伙企业是指自然人、法人和其他组织依照《合伙企业法》在中国境内设立的企业。合伙企业分为普通合伙企业和有限合伙企业。

普通合伙企业由普通合伙人组成，合伙人对合伙企业债务承担无限连带责任。普通合伙企业是典型的人合型企业，以出资人的个人信用为基础，合伙人之间的相互信赖是其设立存续的基石。普通合伙企业又分为一般的普通合伙企业和特殊的普通合伙企业。特殊的普通合伙企业，一般是指以专业知识和专业技能为客户提供有偿服务的专业机构。目前，国际四大会计师事务所均采用该企业形式。特殊的普通合伙企业名称中应当标明"特殊普通合伙"字样。特殊的普通合伙企业在为客户提供服务时，合伙人个人的知识、技能、职业道德及经验等往往起着决定性的作用。因此，依据合伙人执业活动中造成合伙企业债务的主观因素的不同，合伙人承担责任的方式也不同。一个合伙人或者数个合伙人在执业活动中因故意或者重大过失造成合伙企业债务的，应当承担无限责任或者无限连带责任，其他合伙人以其在合伙企业中的财产份额为限承担责任；合伙人在执业活动中非因故意或者重大过失造成的合伙企业债务以及合伙企业的其他债务，由全体合伙人承担无限连带责任。

有限合伙企业由普通合伙人和有限合伙人组成，普通合伙人对合伙企业债务承担无限连带责任，有限合伙人以其认缴的出资额为限对合伙企业债务承担责任。有限合伙企业这一形式主要是为了适应发展风险投资的需要。当前我国私募投资基金行业较为普遍采用了有限合伙企业这一种组织形式。

（一）普通合伙企业的设立

根据《合伙企业法》的规定，设立普通合伙企业，应当具备下列条件：

1. 有两个以上普通合伙人

普通合伙人，是指在合伙企业中依法对合伙企业的债务承担无限连带责任的自然人、法人或者其他组织。合伙企业合伙人至少为两人，对于合伙企业合伙人数的最高限额，我国《合伙企业法》未做规定，完全由设立人根据所设企业的具体情况决定。

关于合伙人的资格，《合伙企业法》做了以下限定：第一，合伙人可以是自然人，也可以是法人或者其他组织；第二，合伙人为自然人的，应当具有完全民事行为能力，无民事行为能力人和限制民事行为能力人不得成为合伙企业的合伙人；第三，国有独资公司、国有企业、上市公司以及公益性的事业单位、社会团体不得成为普通合伙人。

2. 有书面合伙协议

合伙企业是根据合伙人共同签订的合伙协议成立的企业组织形态。合伙协议是指由各合伙人通过协商，共同决定相互间的权利义务，达成的具有法律约束力的协议，其既是合伙企业设立的法律依据，又是调整合伙企业内部关系的基本文件，是合伙人之间确定权利义务关系的最重要的依据。

合伙协议应当依法由全体合伙人协商一致，以书面形式订立。合伙协议应当载明下列事项：合伙企业的名称和主要经营场所的地点；合伙目的和合伙经营范围；合伙人的姓名或者名称、住所；合伙人的出资方式、数额和缴付期限；利润分配、亏损分担方式；合伙事务的执行；入伙与退伙；争议解决办法；合伙企业的解散与清算；违约责任等。合伙协议经全体合伙人签名、盖章后生效。合伙人按照合伙协议享有权利，履行义务。修改或者补充合伙协议，应当经全体合伙人一致同意；但是，合伙协议另有约定的除外。合伙协议未约定或者约定不明确的事项，由合伙人协商决定；协商不成的，依照《合伙企业法》和其他有关法律、行政法规的规定处理。

依照《合伙企业法》的规定，合伙人违反合伙协议的，应当依法承担违约责任。对于合伙协议履行过程中合伙人发生的争议，可以通过协商或者调解处理；不愿意协商、调解或者协商、调解无法达成一致的，如果合伙协议有仲裁的条款，可以向仲裁机构申请仲裁。如果合伙协议没有仲裁条款，合伙人又无法达成书面仲裁协议的，可以向人民法院起诉。

3. 有合伙人认缴或者实际缴付的出资

合伙协议生效后，合伙人应当按照合伙协议的规定缴纳出资。合伙人用于出资的必须是合伙人的合法财产或者财产权利，可以用货币、实物、知识产权、土地使用权或者其他财产权利出资，也可以用劳务出资。准许以劳务出资是普通合伙企业与有限合伙企业的重要区别。合伙人以实物、知识产权、土地使用权或者其他财产权利出资，需要评估作价的，可以由全体合伙人协商确定，也可以由全体合伙人委托法定评估机构评估。合伙人以劳务出资的，其评估办法由全体合伙人协商确定，并在合伙协议中载明。合伙人应当按照合伙协议约定的出资方式、数额和缴付期限履行出资义务。以非货币财产出资的，依照法律、行政法规的规定，需要办理财产权转移手续的，应当依法办理。合伙人既可以一次性缴付出资，也可以以认缴的方式分期出资。

4. 有合伙企业的名称和生产经营场所

普通合伙企业应当在其名称中标明"普通合伙"字样，特殊的普通合伙企业应当在其名称中标明"特殊普通合伙"字样，合伙企业的名称必须和"合伙"联系起来，名称中必须有"合伙"二字，未在其名称中标明"普通合伙"或"特殊普通合伙"字样的，由企业登记机关责令限期改正，处以 2 000 元以上 10 000 元以下的罚款。

生产经营场所是合伙企业开展业务的重要条件，因此合伙企业应当有依法登记的生产经营场所。

（二）有限合伙企业的设立

有限合伙企业是由普通合伙人和有限合伙人共同设立的合伙企业，普通合伙人对合伙企业的债务承担无限连带责任，有限合伙人以其认缴的出资额为限对企业的债务承担责任。《合伙企业法》中有对有限合伙企业特殊规定的，适用有关特殊规定，无特殊规定的，则适用普通合伙企业的一般规定。《合伙企业法》关于有限合伙设立的特殊规定主要有以下六点：

1. 有限合伙企业的合伙人数

《合伙企业法》规定，有限合伙企业由 2 个以上 50 个以下合伙人设立；法律另有规定的除外。有限合伙企业至少应当有 1 个普通合伙人。按照规定，自然人、法人和其他组织可以依照法律规定设立有限合伙企业；国有独资公司、国有企业、上市公司以及公益性的事业单位、社会团体不得成为有限合伙企业的普通合伙人，但是法律不禁止其成为有限合伙人。

在有限合伙企业存续期间，有限合伙人的人数可能发生变化。但无论如何变化，有限合伙企业中都应至少有一个普通合伙人和一个有限合伙人，否则有限合伙企业应当进行组织形式的变更。《合伙企业法》规定，有限合伙企业仅剩有限合伙人的，应当解散；有限合伙企业仅剩普通合伙人的，应当转为普通合伙企业。

2. 合伙企业的名称

为便于社会公众以及交易相对人了解有限合伙企业，有限合伙企业名称中应当标明"有限合伙"的字样，而不能有"普通合伙""特殊普通合伙""有限公司"或"有限责任公司"等字样。

3. 有限合伙企业协议

有限合伙企业协议除了要符合普通合伙企业合伙协议的规定外，还应当载明下列事项：普通合伙人和有限合伙人的姓名或者名称、住所；执行事务合伙人应具备的条件和选择程序；执行事务合伙人权限与违约处理办法；执行事务合伙人的除名条件和更换程序；有限合伙人入伙、退伙的条件、程序以及相关责任；有限合伙人和普通合伙人相互转变程序。

4. 有限合伙企业的出资

《合伙企业法》规定，有限合伙人可以用货币、实物、知识产权、土地使用权或者其他财产权利作价出资。为了保护债权人的利益，有限合伙人不得以劳务出资，这是与普通合伙企业在出资问题上的重大区别。以劳务出资本质上是以未来的收入投资，难以通过市场变现，在法律上执行困难，不利于保护企业债权人的利益。

5. 有限合伙人的出资义务

《合伙企业法》规定，有限合伙人应当按照合伙协议的约定按期足额缴纳出资；未按期足额缴纳的，应当承担补缴义务，并对其他合伙人承担违约责任。

6. 有限合伙企业登记事项

《合伙企业法》规定，有限合伙企业登记事项中应包括有限合伙人的姓名或者名称及认缴的出资数额。

（三）合伙企业的设立程序

1. 申请人向企业登记机关提交相关文件

申请设立合伙企业，应当向企业所在地的登记机关提交全体合伙人签署的设立登记申请书、全体合伙人的身份证明、全体合伙人指定代表或者共同委托代理人的委托书、合伙协议书、全体合伙人对各合伙人认缴或者实际缴付出资的确认书、主要经营场所证明等文件。合伙企业的经营范围中有属于法律、行政法规规定在登记前须经批准的项目的，该项经营业务应当依法经过批准，并在登记时提交批准文件。

2. 企业登记机关核发营业执照

申请人提交的登记申请材料齐全、符合法定形式，登记机关能够当场登记的，应予当场登记，颁发合伙企业营业执照。除此以外，企业登记机关应当自受理申请之日起 20 日内，做出是否登记的决定。对符合规定条件的，予以登记，颁发合伙企业营业执照；对不符合规定条件的，不予登记，并应予以书面答复，说明理由。提交虚假文件或者采取其他欺骗手段，取得合伙企业登记的，由企业登记机关责令改正，并处以5 000元以上50 000元以下的罚款；情节严重的，应撤销企业登记，并处以50 000元以上200 000元以下的罚款。合伙企业的营业执照签发日期，为合伙企业成立日期。未领取营业执照，而以合伙企业或者合伙企业分支机构名义从事合伙业务的，由企业登记机关责令停止，处以5 000元以上50 000元以下的罚款。

合伙企业设立分支机构，应当向分支机构所在地的企业登记机关申请登记，并领取营业执照。合伙企业登记事项发生变更的，执行合伙事务的合伙人应当自做出变更决定或者自发生变更事由之日起15日内，向企业登记机关申请办理变更登记。合伙企业登记事项发生变更时，未依法办理变更登记的，由企业登记机关责令限期登记，逾期不登记的，处以2 000元以上20 000元以下的罚款。合伙企业登记事项发生变更，执行合伙事务的合伙人未按期申请办理变更登记的，应当赔偿由此给合伙企业、其他合伙人或者善意第三人造成的损失。

（四）合伙企业财产

1. 合伙企业财产的构成

合伙企业财产是指合伙存续期间，合伙人的出资、以合伙企业名义取得的收益和依法取得的其他财产。由此可知，合伙人的财产由合伙人出资、以合伙企业名义取得的收益、依法取得的其他财产三部分构成。值得注意的是，合伙企业的原始财产是全体合伙人认缴的财产，而不是实际缴纳的财产。

2. 合伙人在企业财产方面的权利和义务

在合伙企业存续期间，除依法退伙等情形外，合伙人在合伙企业清算前，不得请求分割合伙企业的财产。

除合伙协议另有约定外，普通合伙人向合伙人以外的人转让其在合伙企业中的全部或者部分财产份额时，须经其他合伙人一致同意。在同等条件下，其他普通合伙人有优先购买权；但是，合伙协议另有约定的除外。合伙人以外的人依法受让普通合伙人在合伙企业中的财产份额的，经修改合伙协议即成为合伙企业的普通合伙人，依照《合伙企业法》和修改后的合伙协议享有权利和履行义务。普通合伙人之间转让在合伙企业中的全部或者部分财产份额时，应当通知其他合伙人。普通合伙人以其在合伙企业中的财产份额出质的，须经其他合伙人一致同意；未经其他合伙人一致同意，其行为无效，由此给善意第三人造成损失的，由行为人依法承担赔偿责任。

与普通合伙人不同的是，除非合伙协议另有约定，否则，有限合伙人可以向合伙人以外的人转让其在有限合伙企业中的财产份额，但应当提前30日通知其他合伙人。除非合伙协议另有约定，否则，有限合伙人可以将其在有限合伙企业中的财产份额出质。

【关联法条】

《中华人民共和国民法典》

第六条 民事主体从事民事活动，应当遵循公平原则，合理确定各方的权利与义务。

第一百四十三条　具备下列条件的民事法律行为有效：（一）行为人具有相应的民事行为能力；（二）意思表示真实；（三）不违反法律、行政法规的强制性规定，不违背公序良俗。

《中华人民共和国合伙企业法》

第二条　本法所称合伙企业，是指自然人、法人和其他组织依照本法在中国境内设立的普通合伙企业和有限合伙企业。普通合伙企业由普通合伙人组成，合伙人对合伙企业债务承担无限连带责任。本法对普通合伙人承担责任的形式有特别规定的，从其规定。有限合伙企业由普通合伙人和有限合伙人组成，普通合伙人对合伙企业债务承担无限连带责任，有限合伙人以其认缴的出资额为限对合伙企业债务承担责任。

第三条　国有独资公司、国有企业、上市公司以及公益性的事业单位、社会团体不得成为普通合伙人。

第四条　合伙协议依法由全体合伙人协商一致、以书面形式订立。第五条订立合伙协议、设立合伙企业，应当遵循自愿、平等、公平、诚实信用原则。

第十四条　设立合伙企业，应当具备下列条件：（一）有两个以上合伙人。合伙人为自然人的，应当具有完全民事行为能力；（二）有书面合伙协议；（三）有合伙人认缴或者实际缴付的出资；（四）有合伙企业的名称和生产经营场所；（五）法律、行政法规规定的其他条件。

第十五条　合伙企业名称中应当标明"普通合伙"字样。

第十六条　合伙人可以用货币、实物、知识产权、土地使用权或者其他财产权利出资，也可以用劳务出资。合伙人以实物、知识产权、土地使用权或者其他财产权利出资，需要评估作价的，可以由全体合伙人协商确定，也可以由全体合伙人委托法定评估机构评估。合伙人以劳务出资的，其评估办法由全体合伙人协商确定，并在合伙协议中载明。

第十七条　合伙人应当按照合伙协议约定的出资方式、数额和缴付期限，履行出资义务。以非货币财产出资的，依照法律、行政法规的规定，需要办理财产权转移手续的，应当依法办理。

第十八条　合伙协议应当载明下列事项：（一）合伙企业的名称和主要经营场所的地点；（二）合伙目的和合伙经营范围；（三）合伙人的姓名或者名称、住所；（四）合伙人的出资方式、数额和缴付期限；（五）利润分配、亏损分担方式；（六）合伙事务的执行；（七）入伙与退伙；（八）争议解决办法；（九）合伙企业的解散与清算；（十）违约责任。

第十九条　合伙协议经全体合伙人签名、盖章后生效。合伙人按照合伙协议享有权利，履行义务。修改或者补充合伙协议，应当经全体合伙人一致同意；但是，合伙协议另有约定的除外。合伙协议未约定或者约定不明确的事项，由合伙人协商决定；协商不成的，依照本法和其他有关法律、行政法规的规定处理。

第三十三条　合伙企业的利润分配、亏损分担，按照合伙协议的约定办理；合伙协议未约定或者约定不明确的，由合伙人协商决定；协商不成的，由合伙人按照实缴出资比例分配、分担；无法确定出资比例的，由合伙人平均分配、分担。合伙协议不得约定将全部利润分配给部分合伙人或者由部分合伙人承担全部亏损。

第六十条　有限合伙企业及其合伙人适用本章规定；本章未做规定的，适用本法第二章第一节至第五节关于普通合伙企业及其合伙人的规定。

第六十一条　有限合伙企业由二个以上五十个以下合伙人设立；但是，法律另有规定的除外。有限合伙企业至少应当有一个普通合伙人。

第六十四条　有限合伙人可以用货币、实物、知识产权、土地使用权或者其他财产权利作价出资。有限合伙人不得以劳务出资。

第六十五条　有限合伙人应当按照合伙协议的约定按期足额缴纳出资；未按期足额缴纳的，应当承担补缴义务，并对其他合伙人承担违约责任。

第六十六条　有限合伙企业登记事项中应当载明有限合伙人的姓名或者名称及认缴的出资数额。

第七十二条　有限合伙人可以将其在有限合伙企业中的财产份额出质；但是，合伙协议另有约定的除外。

【案例评析】

郭某与王某双方当事人签订的《1+1AG 教育合作协议》，实际是郭某以房屋使用权作为投入后，不负责学校的经营管理和后期投入，由王某完善办学需要的其他设施、设备投入及经营管理，盈利后按照双方约定的郭某收益占学校总利润的 30%，王某收益占学校总利润的 70% 进行分配。因此，依据《中华人民共和国合伙企业法》第二条"本法所称合伙企业，是指自然人、法人和其他组织依照本法在中国境内设立的普通合伙企业和有限合伙企业。普通合伙企业由普通合伙人组成，合伙人对合伙企业债务承担无限连带责任。本法对普通合伙人承担责任的形式有特别规定的，从其规定。有限合伙企业由普通合伙人和有限合伙人组成，普通合伙人对合伙企业债务承担无限连带责任，有限合伙人以其认缴的出资额为限对合伙企业债务承担责任"的规定，双方当事人签订的《1+1AG 教育合作协议》，属于合伙协议。根据合同约定，郭某不管合伙是否盈利，都要固定收取相当于 5 万元房租的利润，而且不承担经营亏损，出现亏损则由王某承担；如果盈利郭某还要按照学校总利润的 30% 分红，属于合伙协议中约定的保底条款。依照《中华人民共和国合伙企业法》第三十三条"合伙企业的利润分配、亏损分担，按照合伙协议的约定办理；合伙协议未约定或者约定不明确的，由合伙人协商决定；协商不成的，由合伙人按照实缴出资比例分配、分担；无法确定出资比例的，由合伙人平均分配、分担。合伙协议不得约定将全部利润分配给部分合伙人或者由部分合伙人承担全部亏损"的规定，保底条款违背了合伙活动中应当遵循的共负盈亏、共担风险的原则，损害了其他合伙人和合伙学校的债权人的合法权益，因此，依据《中华人民共和国合同法》第五十二条第五项"有下列情形之一的，合同无效：（五）违反法律、行政法规的强制性规定"的规定，该合伙协议中约定的无论学校是否亏损，郭某都固定收取 5 万元利润和王某承担学校全部亏损的内容无效。

需要注意的是，《中华人民共和国合同法》目前已经失效。《中华人民共和国民法典》于 2021 年 1 月 1 日生效后，民事法律行为的效力可依据《中华人民共和国民法典》第一百四十三条的规定："具备下列条件的民事法律行为有效：（一）行为人具有相应的民事行为能力；（二）意思表示真实；（三）不违反法律、行政法规的强制性规定，不违背公序良俗。"为评判依据。

【案例启示】

公平原则是民事活动的基本原则，要求民事主体在从事活动的时候应当秉持社会公认的公平观念。一般而言，公平原则具有如下的内涵：第一，民事主体有同等机会参与民事活动，实现自己合法的民事权益；第二，民事主体享有的权利和承担的义务具有对应性，不得显失公平；第三，民事主体合理承担民事责任，在通常情况下适用过错责任，责任与过错的程度应相适应，双方都无过错的，应由双方就损失进行合理分担；第四，当实际情况发生显著变化导致维持原法律关系效力显失公平时，其民事法律关系的内容也应得到相应的变更。本案中，郭某不承担亏损，每年固定收取5万元分红的约定既违背了民事活动的公平原则，也违背了合伙企业法的相关规定，因此被法院依法认定为无效。

二、合伙企业事务执行与对外关系

【案例介绍】

贵州某县温泉PG厂系合伙企业，各合伙人于2005年12月1日签订的《合伙协议》显示，该企业合伙人为吴某、付某、欧某，合伙人共出资120万元，其中吴某占出资总额50%，付某占出资总额40%，欧某占出资总额10%。该协议还约定企业的利润和亏损，由合伙人依照出资比例分配和分担。2015年9月20日，付某以吴某、欧某的名义，签订《某县温泉PG厂清算报告》，将该温泉PG厂注销，并登报公告。因PG厂在注销时有未清偿的债务本金19万元，因此债权人向法院起诉要求清偿债务。法院审理中发现该笔债权属实，但是因PG厂已经注销，因此依照《中华人民共和国合伙企业法》第九十一条"合伙企业注销后，原普通合伙人对合伙企业存续期间的债务仍应承担无限连带责任"之规定，判决PG厂的三名合伙人吴某、付某、欧某向债权人清偿本金利息合计52万元。后经人民法院强制执行，吴某向债权人支付了52万元。现吴某主张其履行的52万元超过其应当承担的份额，向人民法院起诉付某，要求付某向其支付人民币25万元。一审法院审理后认为，依据人民法院的生效判决，已确认吴某、付某、欧某作为某县温泉PG厂的合伙人对注销后的合伙企业债务承担了连带清偿责任，吴某作为合伙人之一在一人清偿了全部债务后，对于清偿数额超过其按出资比例应当承担份额的部分，其有权向其他合伙人追偿，按照《合伙协议》显示以及另案生效判决确认的基本事实，付某的出资比例为40%，故付某支付原告吴某代其承担的合伙债务数额应为20.8万元（520 000×40%）。因此，一审法院判决被告付某于判决生效之日起十五日内向原告吴某支付原告代其偿还款项20.8万元。一审宣判后，吴某不服提起上诉，请求依法改判。

案例来源：（2021）黔01民终9793号（略有改动）。

【争议问题】

合伙企业的债务应该如何承担?

【理论知识】

(一) 合伙企业事务管理方式

1. 合伙人执行合伙企业事务

合伙企业事务管理的常见形式是由合伙人执行合伙企业事务。在普通合伙企业中,任何一个合伙人都有权执行合伙事务、对外代表合伙企业,其地位是完全平等的。

有限合伙企业由普通合伙人执行合伙事务,有限合伙人不执行合伙事务,不得对外代表有限合伙企业。有限合伙人的下列行为,不视为执行合伙事务:参与决定普通合伙人入伙、退伙;对企业的经营管理提出建议;参与选择承办有限合伙企业审计业务的会计师事务所;获取经审计的有限合伙企业财务会计报告;对涉及自身利益的情况,查阅有限合伙企业财务会计账簿等财务资料;在有限合伙企业中的利益受到侵害时,向有责任的合伙人主张权利或提起诉讼;执行事务合伙人怠于行使权利时,督促其行使权利或为了本企业的利益以自己的名义提起诉讼;依法为本企业提供担保。

合伙人执行合伙企业事务,可以有以下两种形式:全体普通合伙人共同执行合伙事务或者委托一个或者数个普通合伙人执行合伙事务。全体普通合伙人共同执行合伙事务是合伙事务执行的基本形式,也是合伙企业中经常使用的一种形式,尤其是在合伙人较少的情况下较适宜;而委托一个或者数个普通合伙人执行合伙事务是在合伙人共同执行合伙事务基础上引申出来的,按照合伙协议的约定或者经全体合伙人决定,可以委托一个或数个普通合伙人对外代表合伙企业,执行合伙事务。

2. 合伙企业聘请经营管理人员执行事务

经全体合伙人一致同意,可以聘请合伙人以外的人担任合伙企业的经营管理人员,被聘任的合伙企业经营管理人员应当在合伙企业授权范围内履行职务。被聘任的合伙企业的经营管理人员,超越合伙企业授权范围履行职务,或者在履行职务过程中因故意或者重大过失给合伙企业造成损失的,依法承担赔偿责任。

(二) 合伙人在合伙事务执行中的权利与义务

1. 一般规定

按照合伙协议的约定或者经全体合伙人决定,委托一个或者数个普通合伙人对外代表合伙企业,执行合伙事务,则其他合伙人不再执行合伙事务。不具有合伙事务执行权的合伙人擅自执行合伙事务,给合伙企业或者其他合伙人造成损失的,依法承担赔偿责任。

不执行合伙事务的合伙人有权监督执行事务合伙人执行合伙事务的情况。由一个或者数个合伙人执行合伙事务的,执行事务合伙人应当定期向其他合伙人报告事务执行情况以及合伙企业的经营和财务状况,其执行合伙事务所产生的收益归合伙企业,所产生的费用和亏损也由合伙企业承担。受委托执行合伙事务的合伙人不按照合伙协议或者全体合伙人的决定执行事务的，其他合伙人可以决定撤销该委托。合伙人执行合伙事务或者合伙企业从业人员利用职务上的便利，将应当归合伙企业的利益据为己有的，或者采取其他手段侵占合伙企业财产的，应当将该利益和财产退还合伙企业；给合伙企业或者其他合伙人造成损失的，依法承担赔偿责任。

合伙人对合伙企业有关事项做出决议，按照合伙协议约定的表决办法办理。合伙协议未约定或者约定不明确的，实行合伙人一人一票并经全体合伙人过半数通过的表决办法。除合伙协议另有约定外，合伙企业的下列事项应当经全体合伙人一致同意：改变合伙企业的名称；改变合伙企业的经营范围、主要经营场所的地点；处分合伙企业的不动产；转让或者处分合伙企业的知识产权和其他财产权利；以合伙企业名义为他人提供担保；聘任合伙人以外的人担任合伙企业的经营管理人员。合伙人擅自处分合伙协议约定必须经全体合伙人一致同意始得执行的事务，给合伙企业或者其他合伙人造成损失的，依法承担赔偿责任。

2. 普通合伙人和有限合伙人的不同规定

在合伙企业存续期间，普通合伙人不得自营或者同他人合作经营与本合伙企业相竞争的业务。除合伙协议另有约定或者经全体合伙人一致同意外，普通合伙人不得同本合伙企业进行交易。普通合伙人违反合伙企业法的规定或者合伙协议的约定，从事与本合伙企业相竞争的业务或者与本合伙企业进行交易的，该收益归合伙企业所有，给合伙企业或者其他合伙人造成损失的，依法承担赔偿责任。

除非合伙协议另有约定，否则有限合伙人可以同本企业进行交易。有限合伙人无竞业禁止义务。除非合伙协议另有约定，否则有限合伙人可以自营或者同他人合作经营与本有限合伙企业相竞争的业务。

3. 合伙企业的损益分配

合伙企业的利润分配、亏损分担，按照合伙协议的约定办理；合伙协议未约定或者约定不明确的，由合伙人协商决定；协商不成的，由合伙人按照实缴出资比例分配、分担；无法确定出资比例的，由合伙人平均分配、分担。

普通合伙企业的合伙协议不得约定将全部利润分配给部分合伙人或者由部分合伙人承担全部亏损。除非合伙协议另有约定，有限合伙企业不得将全部利润分配给部分合伙人。这是普通合伙企业和有限合伙企业在损益分配方面的重要区别。

4. 合伙人身份的转换

除合伙协议另有约定外，普通合伙人转变为有限合伙人，或者有限合伙人转变为普通合伙人，应当经全体合伙人一致同意。有限合伙人转变为普通合伙人的，对其作为有限合伙人期间有限合伙企业发生的债务承担无限连带责任。普通合伙人转变为有限合伙人的，对其作为普通合伙人期间合伙企业发生的债务承担无限连带责任。当有限合伙企业仅剩下普通合伙人时，有限合伙企业转变为普通合伙企业，并进行变更登记。当有限合伙企业仅剩有限合伙人时，则该企业不再是合伙企业，应当解散。

（三）合伙企业的对外关系

1. 合伙企业与善意第三人的关系

合伙企业对合伙人执行合伙事务以及对外代表合伙企业权利的限制，不得对抗善意第三人。这里所指的善意第三人，是指与合伙企业有经济联系的第三人不知道合伙企业所做的内部限制，或者不知道合伙企业内部对合伙人行使权利所作限制的事实，本着合法交易的目的，诚实地通过合伙企业的事务执行人，与合伙企业建立民事、商事法律关系的法人、非法人团体或自然人。

2. 合伙企业债务的清偿

《合伙企业法》规定：合伙企业对其债务，应先以其全部财产进行清偿；合伙企业不能清偿到期债务的，普通合伙人承担无限连带责任，有限合伙人仅以出资额为限对合伙企业债务承担有限责任。以上规定可以从以下几个方面理解：一是合伙债务首先应以合伙企业财产进行清偿，合伙企业财产不足以清偿的部分，才以普通合伙人个人财产承担清偿责任。二是普通合伙人对于合伙财产不足以清偿的债务，负无限清偿责任，而不以出资额为限。三是普通合伙人对合伙企业债务承担无限责任时，任何一个普通合伙人均负有清偿全部合伙企业债务的责任，此即连带责任。这就意味着，合伙企业的债权人有权向普通合伙人全体或者部分或者任意一名普通合伙人提出偿还全部债务的请求，被请求的普通合伙人即须清偿全部的合伙债务，不得以合伙协议约定的合伙人之间的债务承担份额为由进行抗辩，但是清偿债务后，该合伙人有权向其他普通合伙人追偿所清偿的数额超过其应当承担数额的部分。

3. 合伙企业与合伙人的债权人的关系

《合伙企业法》对合伙人个人债务的清偿做了相关规定，主要包括以下几个方面。

（1）债权人抵销权的禁止。

当合伙人发生与合伙企业无关的债务，而该合伙人的债权人同时又负有对合伙企业的债务时，该债权人不得以对合伙人的债权抵销其对合伙企业的债务，而只能请求该合伙人履行债务。

（2）代位权的禁止。

当合伙人发生与合伙企业无关的债务时，该合伙人的债权人不得以其债权人的身份而主张代位行使合伙人在合伙企业的权利。

（3）其他规定。

合伙人的自有财产不足清偿其与合伙企业无关的债务的，该合伙人可以以其从合伙企业中分取的收益用于清偿；债权人也可以依法请求人民法院强制执行该合伙人在合伙企业中的财产份额用于清偿。人民法院强制执行合伙人的财产份额时，应当通知全体合伙人，其他合伙人有优先购买权；其他合伙人未购买，又不同意将该财产份额转让给他人的，则按退伙处理，合伙企业应当为该合伙人办理退伙结算，该合伙人退出合伙。如果强制执行的只是该合伙人的部分财产份额，则应当为该合伙人办理削减其相应财产份额的结算，即该合伙人被人民法院强制执行的部分财产份额由受让人持有，该合伙人持有份额相应减少。

4. 合伙企业与合伙人的继承人的关系

普通合伙人死亡或者被依法宣告死亡的，对该合伙人在合伙企业中的财产份额享有合法继承权的继承人，按照合伙协议的约定或者经全体合伙人一致同意，从继承开始之日起，取得该合伙企业的普通合伙人资格。

有下列情形之一的，合伙企业应当向合伙人的继承人退还被继承合伙人的财产份额：继承人不愿意成为合伙人；法律规定或者合伙协议约定合伙人必须具有相关资格，而该继承人未取得该资格；合伙协议约定不能成为合伙人的其他情形。

普通合伙人的继承人为无民事行为能力人或者限制民事行为能力人的，经全体合伙人一致同意，可以依法成为有限合伙人，普通合伙企业依法转为有限合伙企业。全体合伙人未能一致同意的，合伙企业应当将被继承合伙人的财产份额退还该继承人。

作为有限合伙人的自然人死亡、被依法宣告死亡或者作为有限合伙人的法人及其他组织终止时，其继承人或者权利承受人可以依法取得该有限合伙人在有限合伙企业中的资格。

【关联法条】

《中华人民共和国合伙企业法》

第二十六条　合伙人对执行合伙事务享有同等的权利。按照合伙协议的约定或者经全体合伙人决定，可以委托一个或者数个合伙人对外代表合伙企业，执行合伙事务。作为合伙人的法人、其他组织执行合伙事务的，由其委派的代表执行。

第二十七条　依照本法第二十六条第二款规定委托一个或者数个合伙人执行合伙事务的，其他合伙人不再执行合伙事务。不执行合伙事务的合伙人有权监督执行事务合伙人执行合伙事务的情况。

第二十八条　由一个或者数个合伙人执行合伙事务的，执行事务合伙人应当定期向其他合伙人报告事务执行情况以及合伙企业的经营和财务状况，其执行合伙事务所产生的收益归合伙企业，所产生的费用和亏损由合伙企业承担。合伙人为了解合伙企业的经营状况和财务状况，有权查阅合伙企业会计账簿等财务资料。

第二十九条　合伙人分别执行合伙事务的，执行事务合伙人可以对其他合伙人执行的事务提出异议。提出异议时，应当暂停该项事务的执行。如果发生争议，依照本法第三十条规定做出决定。

受委托执行合伙事务的合伙人不按照合伙协议或者全体合伙人的决定执行事务的，其他合伙人可以决定撤销该委托。

第三十条　合伙人对合伙企业有关事项做出决议，按照合伙协议约定的表决办法办理。合伙协议未约定或者约定不明确的，实行合伙人一人一票并经全体合伙人过半数通过的表决办法。

本法对合伙企业的表决办法另有规定的，从其规定。

第三十一条　除合伙协议另有约定外，合伙企业的下列事项应当经全体合伙人一致同意：（一）改变合伙企业的名称；（二）改变合伙企业的经营范围、主要经营场所的地点；（三）处分合伙企业的不动产；（四）转让或者处分合伙企业的知识产权和其他财产权利；（五）以合伙企业名义为他人提供担保；（六）聘任合伙人以外的人担任合伙企业的经营管理人员。

第三十二条　合伙人不得自营或者同他人合作经营与本合伙企业相竞争的业务。除合伙协议另有约定或者经全体合伙人一致同意外，合伙人不得同本合伙企业进行交易。合伙人不得从事损害本合伙企业利益的活动。

第三十三条　合伙企业的利润分配、亏损分担，按照合伙协议的约定办理；合伙协议未约定或者约定不明确的，由合伙人协商决定；协商不成的，由合伙人按照实缴出资比例分配、分担；无法确定出资比例的，由合伙人平均分配、分担。合伙协议不得约定将全部利润分配给部分合伙人或者由部分合伙人承担全部亏损。

第三十四条　合伙人按照合伙协议的约定或者经全体合伙人决定，可以增加或者减少对合伙企业的出资。

第三十五条　被聘任的合伙企业的经营管理人员应当在合伙企业授权范围内履行职务。被聘任的合伙企业的经营管理人员，超越合伙企业授权范围履行职务，或者在履行职务过程中因故意或者重大过失给合伙企业造成损失的，依法承担赔偿责任。

第三十七条　合伙企业对合伙人执行合伙事务以及对外代表合伙企业权利的限制，不得对抗善意第三人。

第三十八条　合伙企业对其债务，应先以其全部财产进行清偿。

第三十九条　合伙企业不能清偿到期债务的，合伙人承担无限连带责任。

第四十条　合伙人由于承担无限连带责任，清偿数额超过本法第三十三条第一款规定的其亏损分担比例的，有权向其他合伙人追偿。

第四十一条　合伙人发生与合伙企业无关的债务，相关债权人不得以其债权抵销其对合伙企业的债务；也不得代位行使合伙人在合伙企业中的权利。

第四十二条　合伙人的自有财产不足清偿其与合伙企业无关的债务的，该合伙人可以以其从合伙企业中分取的收益用于清偿；债权人也可以依法请求人民法院强制执行该合伙人在合伙企业中的财产份额用于清偿。

人民法院强制执行合伙人的财产份额时，应当通知全体合伙人，其他合伙人有优先购买权；其他合伙人未购买，又不同意将该财产份额转让给他人的，依照本法第五十一条的规定为该合伙人办理退伙结算，或者办理削减该合伙人相应财产份额的结算。

第一百零七条　企业专业服务机构依据有关法律采取合伙制的，其合伙人承担责任的形式可以适用本法关于特殊的普通合伙企业合伙人承担责任的规定。

【案例评析】

法院认为，本案涉及合伙企业对外承担债务，在合伙人未经清算就违法注销合伙企业后，合伙企业的各合伙投资人依法负有对合伙企业的债务承担连带清偿的责任。本案中，吴某作为涉案合伙企业的合伙投资人，依照人民法院的生效判决对外实际履行了债务后，有权就超出其合伙比例应承担的债务以外的部分，向其他合伙人追偿。根据合伙人之间的合伙协议，吴某占合伙比例50%的份额，付某占合伙比例40%的份额，吴某实际对外履行了合伙债务52万元，付某应承担其中的40%，即20.8万元，一审法院据此判令付某向吴某支付20.8万元，符合事实与法律规定，并无不当。因此，二审法院判决驳回上诉，维持原判。

【案例启示】

合伙人作为合伙企业的投资人，对于合伙企业的债务承担清偿责任。在普通合伙企业中，合伙人对于合伙企业的债务承担无限连带责任，即债权人可以向全部或者部分合伙人主张承担清偿责任，而合伙人在对外清偿了合伙企业的债务后，对于超出自身应当承担部分的债务，可以向其他合伙人主张。但是，在有限合伙企业中，有限合伙人仅以认缴的出资额为限对企业的债务承担责任，这是与普通合伙人在债务承担上的重大区别。因此，作为合伙企业的合伙人应当恪守诚实信用原则，注意维护企业债权人的利益，不得以任何形式恶意逃避债务的履行。

三、入伙、退伙与财产份额转让

【案例介绍】

襄阳市 DFL 网吧的企业性质为合伙企业，经营场所位于襄阳市某街。2015 年 5 月 1 日，曹某、李某、周某三人合伙接手经营该网吧。曹某、李某、周某各出资 110 000 元，共出资 330 000 元，三人未对合伙份额如何转让达成过协议。2016 年 8 月 30 日，曹某、周某与李某签订《股权转让协议》，将其财产份额转让给李某。协议约定：曹某、李某、周某三人于 2015 年 5 月 1 日合伙接手襄阳市 DFL 网吧，三人共筹资 330 000 元，其中曹某 110 000 元，周某 110 000 元，李某 110 000 元。因个人原因经共同协商一致决议：曹某将其所持有的全部股权转让给李某，李某须支付曹某 110 000 元作为购入股权费用（一年内付清），此后曹某与 DFL 网吧将不产生任何关系，此协议一式两份自签订之日起生效。曹某、李某、周某三人均在该协议上签字。

因李某不能按期向曹某支付转让款，2017 年 1 月 31 日赵某、李某与周某、曹某再次协商，由周某草拟新的协议。协议内容为："2017 年 2 月 1 日，李某所持有股份的 20% 以 50 000 元价格转让给曹某，李某所持股份的 13% 以 34 000 元转让给赵某，之前李某与周某、曹某所签股份转让协议作废，截止到 2017 年 2 月 1 日之前的账目与周某、曹某无关。"协议对支付转让款的期限也做了约定。赵某、曹某与李某同意该协议内容并签字，但因周某所持有份额的转让款支付问题未达成一致，因此周某不认可该协议内容，并拒绝签字。2017 年 8 月，李某将 DFL 网吧的电脑设备卖出。

案例来源：（2018）鄂 06 民终 1541 号（略有改动）。

【争议问题】

合伙企业份额转让的多份协议效力应如何认定？

【理论知识】

（一）合伙企业的入伙

入伙是指在合伙企业存续期间，合伙人以外的第三人加入合伙，从而取得合伙人资格。

1. 入伙的条件和程序

《合伙企业法》规定，新合伙人入伙，除合伙协议另有约定外，应当经全体合伙人一致同意，并依法订立书面入伙协议。订立入伙协议时，原合伙人应当向新合伙人如实告知原合伙企业的经营状况和财务状况。这一规定应当从以下四个方面理解：一是新合伙人入伙，应当经全体合伙人一致同意，未获得一致同意的，不得入伙；二是合伙协议无另外约定，如果合伙协议对新合伙人入伙约定了相应的条件，则必须按照合伙协议的约定执行；三是新合伙人入伙，应当依法订立书面入伙协议，入伙协议应当以原合伙协议为基础，并对原合伙协议事项做相应变更，订立入伙协议不得违反公平原则、诚实信用原则；四是订立入伙协议时，原合伙人应当向新合伙人如实告知原合伙企业的经营状况和财务状况。

2. 新合伙人的权利和责任

除入伙协议另有约定外，入伙的新合伙人与原合伙人享有同等权利，承担同等责任。但是，如果原合伙人愿意以更优越的条件吸引新合伙人入伙，或者新合伙人愿意以较为不利的条件入伙，可以在入伙协议中另行约定。对入伙之后的企业债务，新入伙合伙人与原合伙人一样承担连带责任，且《合伙企业法》规定，新合伙人对入伙前合伙企业的债务承担无限连带责任。

（二）合伙企业的退伙

退伙是指合伙人退出合伙企业，从而丧失合伙人资格。

1. 退伙的原因

合伙人退伙，一般有两种原因：一是自愿退伙，二是法定退伙。

自愿退伙，是指合伙人基于自愿的意思表示而退伙。自愿退伙又可以分为协议退伙和通知退伙两种。

关于协议退伙，《合伙企业法》规定，合伙协议约定合伙期限的，在合伙企业存续期间，有下列情形之一的，合伙人可以退伙：合伙协议约定的退伙事由出现；经全体合伙人一致同意；发生合伙人难以继续参加合伙的事由；其他合伙人严重违反合伙协议约定的义务。合伙人违反上述规定退伙的，应当赔偿由此给合伙企业造成的损失。

关于通知退伙，《合伙企业法》规定，合伙协议未约定合伙期限的，合伙人在不给合伙企业事务执行造成不利影响的情况下，可以退伙，但应当提前30日通知其他合伙人。通知退伙需要满足以下三项条件：一是必须是合伙协议未约定合伙企业的经营期限；二是必须是合伙人的退伙不给合伙企业事务执行造成不利影响；三是必须提前30日通知其他合伙人。这三项条件必须同时具备，缺一不可。合伙人违反上述规定退伙的，应当赔偿由此给合伙企业造成的损失。

法定退伙，是指合伙人因出现法律规定的事由而退伙。法定退伙分为当然退伙和除名两类。

关于当然退伙，《合伙企业法》规定，合伙人有下列情形之一的，属于当然退伙：作为合伙人的自然人死亡或者被依法宣告死亡；个人丧失偿债能力；作为合伙人的法人或者其他组织依法被吊销营业执照、责令关闭、撤销，或者被宣告破产；法律规定或者合伙协议约定合伙人必须具有相关资格而丧失该资格；合伙人在合伙企业中的全部财产份额被人民法院强制执行。值得注意的是，合伙人被依法认定为无民事行为能力人或者限制民事行为能力人的，经其他合伙人一致同意，可以依法转为有限合伙人，普通合伙企业依法转为有限合伙企业。其他合伙人未能达成一致同意的，该无民事行为能力或者限制民事行为能力的合伙人退伙。

关于除名，《合伙企业法》规定，合伙人有下列情形之一的，经其他合伙人一致同意，可以决议将其除名：未履行出资义务；因故意或者重大过失给合伙企业造成损失；执行合伙事务时有不正当行为；发生合伙协议约定的事由。对合伙人的除名决议应当书面通知被除名人。被除名人接到除名通知之日，除名生效，被除名人退伙。被除名人对除名决议有异议的，可以自接到除名通知之日起 30 日内，向人民法院起诉。

2. 退伙的效果

退伙的效果，是指退伙时退伙人在合伙企业中的财产份额和民事责任的归属变动，它也可分为两类情况：一是财产继承，二是退伙结算。

关于财产继承，《合伙企业法》规定，合伙人死亡或者被依法宣告死亡的，对该合伙人在合伙企业中的财产份额享有合法继承权的继承人，按照合伙协议的约定或者经全体合伙人一致同意，从继承开始之日起，取得该合伙企业的合伙人资格。

关于退伙结算，除合伙人死亡或者被依法宣告死亡的情形外，《合伙企业法》对退伙结算做了以下规定：合伙人退伙，其他合伙人应当与该退伙人按照退伙时的合伙企业财产状况进行结算，退还退伙人的财产份额。退伙时有未了结的合伙企业事务的，待该事务了结后进行结算。退伙人财产份额的退还办法，由合伙协议约定或者由全体合伙人决定，可以退还货币，也可以退还实物。合伙人退伙时，合伙企业财产少于合伙企业债务的，退伙人应当依照法律规定分担亏损，即如果合伙协议约定亏损分担比例的，按照合伙协议的约定办理；合伙协议未约定或者约定不明确的，由合伙人协商决定；协商不成的，由合伙人按照实缴出资比例分担；无法确定出资比例的，由合伙人平均分担。

合伙人退出企业丧失合伙人资格以后，依然对合伙企业既往债务承担连带责任。根据《合伙企业法》的规定，退伙人对基于其退伙前的原因发生的合伙企业债务，承担无限连带责任。

（三）有限合伙企业关于入伙和退伙的特殊规定

1. 入伙

《合伙企业法》规定，新入伙的有限合伙人对入伙之前的企业债务，以其认缴的出资额为限承担责任。

2. 退伙

有限合伙人当然退伙。依照《合伙企业法》的规定，有限合伙人出现以下情形之一的当然退伙：作为合伙人的自然人死亡或者被依法宣告死亡；作为合伙人的法人或者其他组织依法被吊销营业执照、责令关闭撤销，或者被宣告破产；法律规定或者合伙协议约定合伙人必须具有相关资格而丧失该资格；合伙人在合伙企业中的全部财产份额被人民法院强制执行。

有限合伙人丧失民事行为能力的处理方法。依照《合伙企业法》的规定，作为有限合伙人的自然人在有限合伙企业存续期间丧失民事行为能力的，其他合伙人不得因此要求其退伙。这样规定的理由是，有限合伙人对于企业仅是投资，不参与合伙事务执行，虽然其丧失了民事行为能力，但是并不影响有限合伙企业正常的生产经营活动。

有限合伙人继承人的权利。对于有限合伙人自然死亡、被宣告死亡或者作为有限合伙人的法人、其他组织终止时，其继承人或者权利承受人可以依法取得该有限合伙人在有限合伙企业的资格。

此外，有限合伙人退伙后，对基于退伙前的原因发生的有限合伙企业债务，以其退伙时从企业取回的财产承担责任。

（四）合伙人财产份额的转让

合伙人财产份额的转让，是指合伙企业的合伙人向他人转让其在合伙企业中的全部或者部分财产份额的行为。由于合伙人财产份额的转让将会影响到合伙企业以及各合伙人的切身利益，因此，《合伙企业法》对合伙人财产份额的转让做了以下限制性规定：

第一，对于合伙人对外转让财产份额的，除合伙协议另有约定外，合伙人向合伙人以外的人转让其在合伙企业中的全部或者部分财产份额时，须经其他合伙人一致同意。如果合伙协议有另外的约定，即合伙协议约定合伙人向合伙人以外的人转让其在合伙企业中的全部或者部分财产份额时，无须经过其他合伙人一致同意，比如约定 2/3 以上合伙人同意，则应执行合伙协议的规定。

第二，对于合伙人之间转让在合伙企业中的全部或者部分财产份额的，应当通知其他合伙人。合伙人财产份额的内部转让因不涉及合伙人以外的人参加，合伙企业存续的基础没有发生实质性变更，因此不需要经过其他合伙人一致同意，只需要通知其他合伙人即可产生法律效力。

第三，对于合伙人对外转让财产份额的，在同等条件下其他合伙人有优先购买权；但是，合伙协议另有约定的除外。优先购买权的发生需要两个前提：一是合伙人财产份额的转让没有约定的转让条件、转让范围的限制。也就是说，合伙协议如有另外约定或者限制，则应依约定或限制办理。二是优先受让的前提是同等条件。同等条件，主要是指受让的价格条件，当然也包括其他条件。

第四，有限合伙人财产转让的特殊规定。依照《合伙企业法》的规定，有限合伙人可以按照合伙协议的约定，向合伙人以外的人转让其在有限合伙企业的财产份额，但是应当提前 30 天通知其他合伙人。有限合伙人对外转让其财产份额，并不会影响有限合伙企业债权人的利益，但是有限合伙人对外转让财产份额，应当依法进行：一是要按照合伙协议的约定进行；二是要提前 30 天通知其他合伙人，其他合伙人有优先购买权。

【关联法条】

《中华人民共和国合伙企业法》

第二十条 合伙人的出资、以合伙企业名义取得的收益和依法取得的其他财产，均为合伙企业的财产。

第二十一条 合伙人在合伙企业清算前，不得请求分割合伙企业的财产；但是，本法另有规定的除外。合伙人在合伙企业清算前私自转移或者处分合伙企业财产的，合伙企业不得以此对抗善意第三人。

第二十二条　除合伙协议另有约定外，合伙人向合伙人以外的人转让其在合伙企业中的全部或者部分财产份额时，须经其他合伙人一致同意。合伙人之间转让在合伙企业中的全部或者部分财产份额时，应当通知其他合伙人。

第二十三条　合伙人向合伙人以外的人转让其在合伙企业中的财产份额的，在同等条件下，其他合伙人有优先购买权；但是，合伙协议另有约定的除外。

第二十四条　合伙人以外的人依法受让合伙人在合伙企业中的财产份额的，经修改合伙协议即成为合伙企业的合伙人，依照本法和修改后的合伙协议享有权利，履行义务。

第四十三条　新合伙人入伙，除合伙协议另有约定外，应当经全体合伙人一致同意，并依法订立书面入伙协议。订立入伙协议时，原合伙人应当向新合伙人如实告知原合伙企业的经营状况和财务状况。

第四十四条　入伙的新合伙人与原合伙人享有同等权利，承担同等责任。入伙协议另有约定的，从其约定。新合伙人对入伙前合伙企业的债务承担无限连带责任。

第四十五条　合伙协议约定合伙期限的，在合伙企业存续期间，有下列情形之一的，合伙人可以退伙：（一）合伙协议约定的退伙事由出现；（二）经全体合伙人一致同意；（三）发生合伙人难以继续参加合伙的事由；（四）其他合伙人严重违反合伙协议约定的义务。

第四十六条　合伙协议未约定合伙期限的，合伙人在不给合伙企业事务执行造成不利影响的情况下，可以退伙，但应当提前三十日通知其他合伙人。

第四十七条　合伙人违反本法第四十五条、第四十六条的规定退伙的，应当赔偿由此给合伙企业造成的损失。

第四十八条　合伙人有下列情形之一的，当然退伙：（一）作为合伙人的自然人死亡或者被依法宣告死亡；（二）个人丧失偿债能力；（三）作为合伙人的法人或者其他组织依法被吊销营业执照、责令关闭、撤销，或者被宣告破产；（四）法律规定或者合伙协议约定合伙人必须具有相关资格而丧失该资格；（五）合伙人在合伙企业中的全部财产份额被人民法院强制执行。

第四十九条　合伙人有下列情形之一的，经其他合伙人一致同意，可以决议将其除名：（一）未履行出资义务；（二）因故意或者重大过失给合伙企业造成损失；（三）执行合伙事务时有不正当行为；（四）发生合伙协议约定的事由。对合伙人的除名决议应当书面通知被除名人。被除名人接到除名通知之日，除名生效，被除名人退伙。被除名人对除名决议有异议的，可以自接到除名通知之日起三十日内，向人民法院起诉。

第五十条　合伙人死亡或者被依法宣告死亡的，对该合伙人在合伙企业中的财产份额享有合法继承权的继承人，按照合伙协议的约定或者经全体合伙人一致同意，从继承开始之日起，取得该合伙企业的合伙人资格。有下列情形之一的，合伙企业应当向合伙人的继承人退还被继承合伙人的财产份额：（一）继承人不愿意成为合伙人；（二）法律规定或者合伙协议约定合伙人必须具有相关资格，而该继承人未取得该资格；（三）合伙协议约定不能成为合伙人的其他情形。合伙人的继承人为无民事行为能力人或者限制民事行为能力人的，经全体合伙人一致同意，可以依法成为有限合伙人，普通合伙企业依法转为有限合伙企业。全体合伙人未能一致同意的，合伙企业应当将被继承合伙人的财产份额退还该继承人。

第五十三条　退伙人对基于其退伙前的原因发生的合伙企业债务，承担无限连带责任。

第六十七条　有限合伙企业由普通合伙人执行合伙事务。执行事务合伙人可以要求在合伙协议中确定执行事务的报酬及报酬提取方式。

第六十八条　有限合伙人不执行合伙事务，不得对外代表有限合伙企业。

第六十九条　有限合伙企业不得将全部利润分配给部分合伙人；但是，合伙协议另有约定的除外。

第七十条　有限合伙人可以同本有限合伙企业进行交易；但是，合伙协议另有约定的除外。

第七十一条　有限合伙人可以自营或者同他人合作经营与本有限合伙企业相竞争的业务；但是，合伙协议另有约定的除外。

第七十二条　有限合伙人可以将其在有限合伙企业中的财产份额出质；但是，合伙协议另有约定的除外。

第七十三条　有限合伙人可以按照合伙协议的约定向合伙人以外的人转让其在有限合伙企业中的财产份额，但应当提前三十日通知其他合伙人。

第七十四条　有限合伙人的自有财产不足清偿其与合伙企业无关的债务的，该合伙人可以以其从有限合伙企业中分取的收益用于清偿；债权人也可以依法请求人民法院强制执行该合伙人在有限合伙企业中的财产份额用于清偿。

人民法院强制执行有限合伙人的财产份额时，应当通知全体合伙人。在同等条件下，其他合伙人有优先购买权。

第七十五条　有限合伙企业仅剩有限合伙人的，应当解散；有限合伙企业仅剩普通合伙人的，转为普通合伙企业。

【案例评析】

本案争议焦点为 2017 年 1 月 31 日的合伙企业财产份额转让协议是否成立并生效。曹某、李某、周某关于 DFL 网吧财产份额转让事宜先后于 2016 年 8 月 30 日和 2017 年 1 月 31 日进行了两次协商。2016 年 8 月 30 日协商约定系将曹某的全部财产份额转让给李某，各方均在协议上签字认可，该协议成立并生效。2017 年 1 月 31 日协商约定除将李某所持有的份额 20% 转让给曹某外，还约定将李某所持份额的 13% 转让给赵某，之前与周某、曹某签订的转让协议作废。赵某是合伙企业合伙人以外的其他人，李某将份额转让给赵某，在合伙协议没有另有约定的情况下，应取得全体合伙人一致同意。因此，在合伙人周某不同意该协议内容并不予签字认可的情况下，该协议未发生法律效力。

合伙人之间共同出资、共同经营、共担风险、共享收益是合伙企业的重要特征，因此合伙人对于合伙企业不能清偿的债务承担无限连带责任。这就意味着每一位合伙人都存在要以个人财产承担其他合伙财产清偿企业债务的风险，因此，谁能够成为新的合伙人就是一个关键的问题。按照《合伙企业法》的规定，合伙协议对于合伙份额转让给他人有约定的，则从其约定；没有约定的，则应当经全体合伙人同意。本案中，李某将所持份额 13% 转让给赵某，应当取得全体合伙人的同意。

第二节　个人独资企业法

一、个人独资企业的设立

【案例介绍】

广州市 RJ 包装设备制造厂成立于 2007 年 3 月 28 日，为个人独资企业，投资人为杨某。2019 年 1 月，秦某因劳动纠纷向法院起诉广州市 RJ 包装设备制造厂，广州市番禺区人民法院做出（2019）粤 0113 民初 190 号民事判决书。判决内容为：一、秦某与广州市 RJ 包装设备制造厂于 2016 年 9 月 5 日至 2018 年 6 月 20 日期间存在劳动关系；二、广州市 RJ 包装设备制造厂应于判决发生法律效力之日起五日内向秦某支付解除劳动关系经济补偿金 7 685.34 元。该判决生效后，广州市 RJ 包装设备制造厂一直未主动履行支付义务。2020 年 5 月 11 日，出资人杨某向广州市番禺区市场监督管理局提交清算报告称广州市 RJ 包装设备制造厂已停止经营，债权债务现已清算完毕；如发生任何债权债务问题由投资人杨某负责。2020 年 5 月 12 日，广州市番禺区市场监督管理局向广州市 RJ 包装设备制造厂出具准予注销登记通知书，称其提交的注销登记申请材料齐全，符合法定形式，准予注销登记。现秦某请求人民法院判决由杨某向其支付解除劳动关系经济补偿 7 685.34 元。

案例来源：（2021）粤 0113 民初 2854 号。

【争议问题】

投资人是否应承担个人独资企业的债务？

【理论知识】

个人独资企业是指由一个自然人投资，财产为投资者个人所有，投资人以其个人财产对企业债务承担无限责任的经营实体。个人独资企业的产权属于投资人所有，企业的收入和亏损与投资人的收入和亏损具有同一性，企业的债务实质上就是投资人的债务。同公司及合伙企业相比较，个人独资企业具有以下法律特征：第一，从投资主体来看，我国个人独资企业的投资主体只能是一个自然人；第二，从法律地位来看，个人独资企业不具有法人资格；第三，投资人对企业的财产依法享有所有权和经营管理权；第四，投资人以其个人财产对企业的债务承担无限责任。

（一）个人独资企业的设立条件

个人独资企业的设立是指个人独资企业投资人按照法律规定的条件和程序，创设个人独资企业的过程。根据《中华人民共和国个人独资企业法》（以下简称《个人独资企业法》）第八条的规定，设立个人独资企业必须具备以下条件：

1. 投资人为一个自然人

个人独资企业的投资人仅为一个自然人。个人独资企业的投资人，必须是具有相应的权利能力和完全民事行为能力，且不受法律限制的自然人。此外，作为个人独资企业投资人的该自然人必须具有中国国籍。

2. 有合法的企业名称

个人独资企业的名称应当符合国家关于企业名称登记管理的有关规定，企业名称应与其责任形式及从事的营业相符合，可以叫厂、店、部、中心、工作室等，个人独资企业名称中不得使用"有限""有限责任"或"公司"字样。

3. 有投资人申报的出资

设立个人独资企业可以用货币出资，也可以用实物、土地使用权、知识产权或者其他财产权利出资。采取实物、土地使用权、知识产权或者其他财产权利出资的，应将其折算成货币数额。投资人申报的出资额应当与企业的生产经营规模相适应。

4. 有固定的生产经营场所和必要的生产经营条件

个人独资企业的住所是企业的主要办事机构所在地，是企业的法定地址。从事临时经营、季节性经营、流动经营和没有固定门面的摆摊经营，不得登记为个人独资企业。

5. 有必要的从业人员

要有与其生产经营范围、规模相适应的从业人员。

（二）个人独资企业的设立程序

1. 提出申请

设立个人独资企业，应当由投资人或者其委托的代理人向个人独资企业所在地登记机关提出设立申请。投资人应当向登记机关提交以下材料：①投资人签名的个人独资企业设立申请书，其中投资人以家庭共有财产或者个人财产作为出资的，需要在申请书中予以明确；②投资人身份证明；③企业住所证明和生产场地使用证明等；④国家工商行政管理部门规定提交的其他材料。

2. 工商登记

登记机关在收到申请书15日内，对于符合《个人独资企业法》规定的予以登记，并颁发营业执照；不符合规定的不予登记，发给企业登记驳回通知书。营业执照签发之日为个人独资企业的成立之日，在取得营业执照之前，投资人不得以个人独资企业的名义从事经营活动。

【关联法条】

《中华人民共和国个人独资企业法》

第二条 本法所称个人独资企业，是指依照本法在中国境内设立，由一个自然人投资，财产为投资人个人所有，投资人以其个人财产对企业债务承担无限责任的经营实体。

第八条 设立个人独资企业应当具备下列条件：（一）投资人为一个自然人；（二）有合法的企业名称；（三）有投资人申报的出资；（四）有固定的生产经营场所和必要的生产经营条件；（五）有必要的从业人员。

第十三条 个人独资企业的营业执照的签发日期，为个人独资企业成立日期。在领取个人独资企业营业执照前，投资人不得以个人独资企业名义从事经营活动。

第十六条 法律、行政法规禁止从事营利性活动的人，不得作为投资人申请设立个人独资企业。

第十七条 个人独资企业投资人对本企业的财产依法享有所有权，其有关权利可以依法进行转让或继承。

第十八条 个人独资企业投资人在申请企业设立登记时明确以其家庭共有财产作为个人出资的，应当依法以家庭共有财产对企业债务承担无限责任。

第二十八条 个人独资企业解散后，原投资人对个人独资企业存续期间的债务仍应承担偿还责任，但债权人在五年内未向债务人提出偿债请求的，该责任消灭。

第三十一条 个人独资企业财产不足以清偿债务的，投资人应当以其个人的其他财产予以清偿。

【案例评析】

本案中，秦某主张广州市 RJ 包装设备制造厂的投资人杨某承担连带责任，故本案的案由应为与企业有关纠纷。《个人独资企业法》第二条规定，本法所称个人独资企业，是指依照本法在中国境内设立，由一个自然人投资，财产为投资人个人所有，投资人以其个人财产对企业债务承担无限责任的经营实体。杨某是广州市 RJ 包装设备制造厂的投资人，秦某主张杨某就广州市 RJ 包装设备制造厂在广州市番禺区人民法院做出（2019）粤 0113 民初 190 号判决书项下的债务向秦某承担清偿责任，理由充分，予以支持。

【案例启示】

个人独资企业的投资人承担无限责任，即个人独资企业的财产不足以清偿企业债务时，投资人应当以个人财产予以清偿。如投资人在设立企业时明确以家庭共有财产作为个人出资的，应当以家庭共有财产对企业的财务承担无限责任。此外，个人独资企业解散后，原投资人对个人独资企业存续期间的债务仍应承担偿还责任，但债权人在五年内未向债务人提出偿债请求的，该责任消灭。这里的"五年"是诉讼时效还是除斥期间？一般认为，"五年"不是诉讼时效，而是除斥期间，不发生中止、中断，这就要求债权人应当及时行使权利以保护自己的利益。此外，当投资人同时存在企业债务和个人债务，而个人合法财产又不足以全部清偿时，应当如何清偿？这也是一个值得我们思考的问题。

二、个人独资企业的治理

【案例介绍】

2016年5月9日韦某投资设立个人独资企业ZD砖厂，并取得营业执照。2019年4月27日，因杨某欠ZD砖厂16.8万元的砖款，ZD砖厂与杨某通过砖款置换的方式取得了杨某所有的车牌号为云Q×××××轻型自卸货车的车辆所有权，车辆同日移交给ZD砖厂。2019年3月5日，ZD砖厂的法定代表人韦某聘请王某担任砖厂厂长，同年8月26日王某将云Q×××××轻型自卸货车以14.6万元的价格出售给周某，周某向砖厂厂长王某支付了14.6万元车款，但是王某一直没有把14.6万元的售车款交付砖厂。2020年1月5日ZD砖厂解除了与王某的聘用关系，双方因14.6万元车款的归属发生纠纷遂起诉到法院。

案例来源：（2021）云26民终337号。

【争议问题】

管理人员在管理个人独资企业中的责任问题。

【理论知识】

（一）投资人的权利和义务

个人独资企业的投资人对企业的财产和经营管理享有绝对的权利，并承担相应的义务。其投资人的权利主要体现在：投资人对企业财产享有所有权；投资人的有关权利可以依法转让或者继承；投资人对企业的决策、管理和经营享有完全的权利；若委托他人管理企业，投资人对受聘人员管理企业享有监督权，发现受聘人员有违反合同或者其他不法行为时，可以撤销委托或者解除聘用；投资人有扩大生产规模、设立分支机构的权利。投资人的义务主要有：依法纳税；以个人财产对企业的债务承担无限责任。

（二）个人独资企业的权利义务

个人独资企业的权利主要有：依法取得贷款；依法取得土地使用权；拒绝摊派权；法律法规规定的其他权利。

个人独资企业的义务主要有：依法开展经营活动，不得从事法律禁止的业务；依法建立财务会计制度；维护职工权益，保护环境等。

（三）个人独资企业的事务管理

个人独资企业虽然规模小，组织机构简单，但是作为一种企业形态，企业同样需要一定的机构和专门人员来负责重大问题决策、生产的组织和管理等问题。投资人有权自主选择企业事务管理的管理形式，个人独资企业的事务管理主要有自行管理和委托或聘用他人管理两种形式。

自行管理，即由个人独资企业投资人本人自行管理企业事务。

委托或聘用他人管理，即由个人独资企业投资人委托或聘用其他具有民事行为能力的人负责企业的事务管理。一般而言，需要投资人与受托人、被聘用人员签订书面协议，约定委托的具体内容和授权范围。

按照《个人独资企业法》的规定，受托人或者受聘人员在管理企业过程中，应当承担相应的义务和责任：第一，受托人或者受聘人员应当履行诚信、勤勉义务，按照与投资人的书面合同负责企业的事务管理。第二，受托人或者受聘人员在管理企业中不得有以下行为：利用职务上的便利，索取或者收受贿赂；利用职务或者工作上的便利侵占企业财产；挪用企业的资金归个人使用或者借贷给他人；擅自将企业资金以个人名义或者以他人名义开立账户储存；擅自以企业财产提供担保；未经投资人同意，从事与本企业相竞争的业务；未经投资人同意，同本企业订立合同或者进行交易；未经投资人同意，擅自将企业商标或者其他知识产权转让给他人使用；泄露本企业的商业秘密；法律、行政法规禁止的其他行为。受托人或者受聘人员违反规定有上述行为，侵犯个人独资企业财产权利的，责令退还侵占财产，给企业造成损失的，依法承担赔偿责任；有违法所得的，没收违法所得；构成犯罪的，依法追究刑事责任。第三，接受投资人对其管理企业行为的监督。

【关联法条】

《中华人民共和国个人独资企业法》

第十九条　个人独资企业投资人可以自行管理企业事务，也可以委托或者聘用其他具有民事行为能力的人负责企业的事务管理。投资人委托或者聘用他人管理个人独资企业事务，应当与受托人或者被聘用的人签订书面合同，明确委托的具体内容和授予的权利范围。受托人或者被聘用的人员应当履行诚信、勤勉义务，按照与投资人签订的合同负责个人独资企业的事务管理。投资人对受托人或者被聘用的人员职权的限制，不得对抗善意第三人。

第二十条　投资人委托或者聘用的管理个人独资企业事务的人员不得有下列行为：（一）利用职务上的便利，索取或者收受贿赂；（二）利用职务或者工作上的便利侵占企业财产；（三）挪用企业的资金归个人使用或者借贷给他人；（四）擅自将企业资金以个人名义或者以他人名义开立账户储存；（五）擅自以企业财产提供担保；（六）未经投资人同意，从事与本企业相竞争的业务；（七）未经投资人同意，同本企业订立合同或者进行交易；（八）未经投资人同意，擅自将企业商标或者其他知识产权转让给他人使用；（九）泄露本企业的商业秘密；（十）法律、行政法规禁止的其他行为。

【案例评析】

企业包括非法人组织个人独资企业、合伙企业和法人组织公司制企业等。本案因 ZD 砖厂管理产生纠纷，讼争的法律关系为与企业有关的纠纷。依照《中华人民共和国民事诉讼法》第一百六十八条的规定，法院对王某上诉请求的有关事实和法律适用进行审查。根据王某的上诉请求、ZD 砖厂的答辩意见，经双方当事人确认，本案争议焦点为：王某是否需要返还 ZD 砖厂售车款 14.6 万元。

个人独资企业投资人对本企业的财产依法享有所有权，其有权聘用他人管理企业。ZD 砖厂的投资人为韦某，2019 年 3 月 5 日至 2021 年 1 月 5 日期间，韦某聘请王光平担任了砖厂的管理人员，在此期间王某处置 ZD 砖厂的资产云 Q×××××轻型自卸货车所得的售车款应当归 ZD 砖厂，王某私自收取 14.6 万元的车辆出售款并占为己有没有法律依据。因此，应当责令王某将 14.6 万元的车辆出售款交还给 ZD 砖厂。

【案例启示】

个人独资企业的财产归投资人所有，因此个人独资企业聘请的管理人员应当履行诚信、勤勉的义务，不得侵占企业的财产，不得挪用企业的资金，损害个人独资企业的利益，否则要承担相应的赔偿义务。

党的二十大报告指出，坚持和完善社会主义基本经济制度，毫不动摇巩固和发展公有制经济，毫不动摇鼓励、支持、引导非公有制经济发展，充分发挥市场在资源配置中的决定性作用，更好发挥政府作用。深化国资国企改革，加快国有经济布局优化和结构调整，推动国有资本和国有企业做强做优做大，提升企业核心竞争力。优化民营企业发展环境，依法保护民营企业产权和企业家权益，促进民营经济发展壮大。完善中国特色现代企业制度，弘扬企业家精神，加快建设世界一流企业。支持中小微企业发展。完善产权保护、市场准入、公平竞争、社会信用等市场经济基础制度，优化营商环境。

本章我们学习的《中华人民共和国合伙企业法》《中华人民共和国个人独资企业法》，对完善中国现代企业制度，从立法上给予了基本保障，对推进企业发展、明确市场准入、优化营商环境起到了重要的作用。

第三章

商业标识

第一节　商业名称

【案例介绍】

当事人：

GH 律师事务所（以下简称"GH 所"），住所地：广东省中山市东区东苑南路××号大东裕贸联大厦北塔 2 号。负责人：刘某某。

QH 科技有限公司，住所地：北京市朝阳区酒仙桥路×号院×号楼。法定代表人：周某某。

XY 律师事务所"以下简称"XY 所""，住所地：广东省广州市天河区天河路××号兴业银行大厦。负责人：林某某。

SS 网络科技有限公司，住所地：广东省中山市西区富华道××号天悦广场办公楼。法定代表人：段某某。（SS 公司为"SLL 公司"授权的"SLL 搜索广告"在中山地区的独家总代理商。）

基本案情：

2017 年 11 月 2 日，GH 所与 SS 公司签订 SLL 搜索广告服务购买订单，合同约定"点睛"账户开户费为 1 000 元、广告年服务费为 1 000 元；SLL 搜索广告基础服务标准包括开户服务、选择和提交关键字、标题广告描述等。2018 年 8 月 24 日至 2021 年 4 月 30 日期间，GH 所间断使用"XY 律师事务所"作为关键词进行推广，展示次数累计 1 270 次，点击次数为 58 次。关键词分组归类为同行词、竞品词。

2021 年 1 月 8 日，XY 所通过网站××内的"SLL 搜索"搜索"XY 律师事务所"，搜索结果前五条为广告内容，其中前两条显示网址为 GH 所的网址××，关键词分别为"XY 律师事务所 GH 律所——大型综合律师事务所""XY 律师事务所 GH 律所——提供一站式法律服务"。点击后，跳转到网站××，页面主要内容为对 GH 所及其律师的介绍，并留有联系电话。用户可在页面进行在线咨询。点击网站××页面上的内容，可以跳转到网站××，跳转后页面主要内容为对 GH 所律师的介绍。此后，XY 所采取同样方式检索，网页跳转情况同 2021 年 1 月 8 日的情况。XY 所曾分别致侵权告知函、律师函给 GH 所和 QH 公司。

本案一审中，XY 所认为，GH 所在 QH 公司及其关联公司经营的 SLL 搜索引擎进行推广时，将"XY 律师事务所"设置为搜索关键词，使相关公众在 SLL 搜索引擎中搜索"XY 律师事务所"时，GH 所的网站在该搜索中成为前二个搜索结果。GH 所未经许可，在其通过信息网络进行的商业宣传和招揽业务的活动中，通过将"XY 律师事务所"设置为搜索关键词，使得在网上搜索 XY 所信息的潜在客户引流到 GH 所网站，侵犯了 XY 所的名称权，并构成不正当竞争，应当承担相应侵权责任。QH 公司作为广告发布者、SS 公司作为广告运营者，明知广告主 GH 所实施虚假宣传、不正当竞争行为，还帮助其实施相关行为，且 QH 公司、SS 公司从 GH 所的广告行为中获利，应当承担连带责任。

一审判决为：一、被告 GH 律师事务所于本判决发生法律效力之日起十日内，向原告 XY 律师事务所书面赔礼道歉、澄清事实、消除影响，道歉内容、格式、字体需经本院审核。若被告 GH 律师事务所拒不履行，本院可以采取在报刊、网络等媒体上发布公告或者公布生效裁判文书等方式执行，产生的费用由被告 GH 律师事务所负担。二、被告 QH 科技有限公司于本判决发生法律效力之日起十日内，向原告 XY 律师事务所书面赔礼道歉、澄清事实、消除影响，道歉内容、格式、字体需经本院审核。若被告 QH 科技有限公司拒不履行，本院可以采取在报刊、网络等媒体上发布公告或者公布生效裁判文书等方式执行，产生的费用由被告 QH 科技有限公司负担。三、被告 GH 律师事务所于本判决发生法律效力之日起十日内，向原告 XY 律师事务所赔偿经济损失 65 000 元。四、被告 QH 科技有限公司对本判决第三项判项承担连带责任。五、驳回原告 XY 律师事务所的其他诉讼请求。GH 律师事务所、QH 科技有限公司，不服广州互联网法院（2021）粤 0192 民初 8510 号民事判决，提起上诉。二审法院判决：驳回上诉，维持原判。

案件来源：最高人民法院发布九个民法典颁布后人格权司法保护典型民事案例，案号为（2021）粤 01 民终 21436 号。

【争议问题】

1. GH 所、QH 公司、SS 公司是否侵害了 XY 所的名称权？
2. GH 所、QH 公司、SS 公司需如何承担责任？

【理论知识】

一、商业名称概述

商业名称，又称商号、商事名称，指商主体在从事商行为时所使用的名称，即商主体在商事交易中为法律行为时，用以署名或让其代理人用其与他人进行商事交往的名称。商业名称在不同国家的法律中有着不完全一致的解释。在我国法律中，商业名称的法律渊源主要有《中华人民共和国民法典》（以下简称《民法典》）《企业名称登记管理规定》以及企业登记的单行法规。商业名称作为商业识别标志，只有依法取得商事主体资格的生产者和经营者才能享有。一般来说，商业名称可分为以下两大类。

（一）臆造商业名称、任意商业名称、暗示商业名称与叙述商业名称

臆造商业名称是指由杜撰的文字、词汇所构成的商业名称。这种词汇从未出现于字典，未曾被使用，因而没有任何含义。任意商业名称是指由与企业的商品、服务或者经营活动的性质、特点没有明显联系的常用词构成的商业名称。暗示商业名称也是由与企业的商品、服务或经营活动没有直接联系的常用词构成，但其含义能以隐喻、暗示的手法提示商品、服务的属性或者商主体的特点。叙述商业名称是指使用能对商事主体或其所提供的商品或服务的特征进行直接描述的常用词所构成的商业名称。但需要注意的是，各类商业名称间的界限并非截然分明，而是时有交叉融合。

（二）注册商号与未注册商业名称

根据是否在国家主管机关进行了注册，商业名称可以分为注册与未注册的商业名称。商业名称注册不仅使商业名称得到公示，而且商业名称权登记机关的辖区也往往限定了商业名称专用权使用的地域范围。在包括我国在内的许多国家，一般要求商业名称经登记注册才能得到法律保护，商事主体不能使用未经注册的商业名称从事商业活动。

在我国，商号一般由行政区划、字号、行业或经营特点、组织形式几部分组成，即采用四段式结构：第一部分是主体所在地行政区域的名称；第二部分是主体的具体字号；第三部分是主体行业或经营特点；第四部分是主体的组织结构或责任形式。

二、商业名称权及其保护

（一）商业名称权的概念

商业名称权，又称为商号权，是商业名称法律制度的核心概念，是指商事主体对其名称所享有的权利，具体包括商业名称的设定权、专有使用权、处分权和救济权等权能。关于商业名称权的法律属性，从其权利内容来看，应当属于无形财产权。商业名称权实质上是权利主体对商号中表征的信息所享有的权利，属于知识产权的范畴。

（二）商业名称权的保护

商业名称权是商事主体享有的一项重要权利，各国立法都对商业名称权的保护做出了明确的规定。商业名称权的保护，是指以法律手段预防和制裁侵犯他人商业名称专用权的行为，保护商业名称权人对其商号所享有的权利。由于保护角度和立法体例

的不同，形成了不同的保护途径，因此在一国之内常常涉及多部法律的规定。

1. 民商基本法的保护

在大陆法系国家的民商基本法中，如德国、日本的民商法典以及我国的《民法典》等都对商业名称权做出了明确的规定。如《日本商法典》第二十条、第二十一条、第二十二条规定，对因不正当竞争而使用同一或者类似商业名称，或者使用使人误认的商业名称时，商业名称权人有权要求禁止其使用和损害赔偿，并且还规定了20万日元以下的罚款处罚。我国《民法典》规定任何组织或者个人不得以干涉、盗用、假冒等方式侵害他人的姓名权或者名称权。

2. 知识产权法的保护

商业名称权的知识产权保护，首先体现在相关的知识产权公约之中。如《巴黎公约》第八条规定，厂商名称应在本联盟内所有国家中都受到保护，没有申请或注册的义务，也不论其是否为商标的一部分。《中华人民共和国商标法》虽未对商业名称权单独做出规定，但规定申请注册的商标，应当有显著特征，便于识别，并不得与他人在先取得的合法权利相冲突。

3. 反不正当竞争法的保护

商业名称产生和使用于市场主体在参与竞争的过程，各种侵害商业名称权的行为无疑具有不正当竞争的目的。商业名称权的产生和保护都与市场竞争有不可分割的联系，通过反不正当竞争法，为商业名称权提供保护是各国经常采取的一个重要方法。《中华人民共和国反不正当竞争法》规定经营者不得实施混淆行为，引人误认为是他人商品或者与他人存在特定联系。擅自使用他人有一定影响的企业名称（简称、字号等）、社会组织名称（简称等）、姓名（笔名、艺名、译名等）就是被禁止实施的混淆行为。

4. 其他法律法规的保护

在国家对产品质量的管理或者消费者保护的过程中，也涉及商业名称的正确使用。如《中华人民共和国产品质量法》第五条、第三十九条，《消费者权益保护商法》第五十六条等对相关的商业名称侵权行为，从消费者利益或社会利益保护的角度，规定了相应的行政制裁措施。

【关联法条】

《中华人民共和国民法典》

第五十四条　自然人从事工商业经营，经依法登记，为个体工商户。个体工商户可以起字号。

第五十八条　法人应当依法成立。法人应当有自己的名称、组织机构、住所、财产或者经费。法人成立的具体条件和程序，依照法律、行政法规的规定。

第一百一十条　自然人享有生命权、身体权、健康权、姓名权、肖像权、名誉权、荣誉权、隐私权、婚姻自主权等权利。法人、非法人组织享有名称权、名誉权和荣誉权。

第九百九十条　人格权是民事主体享有的生命权、身体权、健康权、姓名权、名称权、肖像权、名誉权、荣誉权、隐私权等权利。除前款规定的人格权外，自然人享有基于人身自由、人格尊严产生的其他人格权益。

九百九十三条　民事主体可以将自己的姓名、名称、肖像等许可他人使用，但是依照法律规定或者根据其性质不得许可的除外。

第九百九十九条　为公共利益实施新闻报道、舆论监督等行为的，可以合理使用民事主体的姓名、名称、肖像、个人信息等；使用不合理侵害民事主体人格权的，应当依法承担民事责任。

第一千零一十三条　法人、非法人组织享有名称权，有权依法决定、使用、变更、转让或者许可他人使用自己的名称。

第一千零一十四条　任何组织或者个人不得以干涉、盗用、假冒等方式侵害他人的姓名权或者名称权。

第一千零一十六条　自然人决定、变更姓名，或者法人、非法人组织决定、变更、转让名称的，应当依法向有关机关办理登记手续，但是法律另有规定的除外。民事主体变更姓名、名称的，变更前实施的民事法律行为对其具有法律约束力。

第一千零一十七条　具有一定社会知名度，被他人使用足以造成公众混淆的笔名、艺名、网名、译名、字号、姓名和名称的简称等，参照适用姓名权和名称权保护的有关规定。

《中华人民共和国反不正当竞争法》

第五条　禁止伪造或者冒用认证标志等质量标志；禁止伪造产品的产地，伪造或者冒用他人的厂名、厂址；禁止在生产、销售的产品中掺杂、掺假，以假充真，以次充好。

第三十七条　销售者不得伪造产地，不得伪造或者冒用他人的厂名、厂址。

第五十三条　伪造产品产地的，伪造或者冒用他人厂名、厂址的，伪造或者冒用认证标志等质量标志的，责令改正，没收违法生产、销售的产品，并处违法生产、销售产品货值金额等值以下的罚款；有违法所得的，并处没收违法所得；情节严重的，吊销营业执照。

《中华人民共和国消费者权益保护法》

第五十六条　商业名称权经营者有下列情形之一，除承担相应的民事责任外，其他有关法律、法规对处罚机关和处罚方式有规定的，依照法律、法规的规定执行；法律、法规未做规定的，由工商行政管理部门或者其他有关行政部门责令改正，可以根据情节单处或者并处警告、没收违法所得、处以违法所得一倍以上十倍以下的罚款，没有违法所得的，处以五十万元以下的罚款；情节严重的，责令停业整顿、吊销营业执照：（四）伪造商品的产地，伪造或者冒用他人的厂名、厂址，篡改生产日期，伪造或者冒用认证标志等质量标志的。

《企业名称登记管理规定》

第四条　企业只能登记一个企业名称，企业名称受法律保护。

第五条　企业名称应当使用规范汉字。民族自治地方的企业名称可以同时使用本民族自治地方通用的民族文字。

第六条　企业名称由行政区划名称、字号、行业或者经营特点、组织形式组成。

跨省、自治区、直辖市经营的企业，其名称可以不含行政区划名称；跨行业综合经营的企业，其名称可以不含行业或者经营特点。

第七条　企业名称中的行政区划名称应当是企业所在地的县级以上地方行政区划名称。市辖区名称在企业名称中使用时应当同时冠以其所属的设区的市的行政区划名称。开发区、垦区等区域名称在企业名称中使用时应当与行政区划名称连用，不得单独使用。

第八条　企业名称中的字号应当由两个以上汉字组成。

县级以上地方行政区划名称、行业或者经营特点不得作为字号，另有含义的除外。

第九条　企业名称中的行业或者经营特点应当根据企业的主营业务和国民经济行业分类标准标明。国民经济行业分类标准中没有规定的，可以参照行业习惯或者专业文献等表述。

第十条　企业应当根据其组织结构或者责任形式，依法在企业名称中标明组织形式。

第十一条　企业名称不得有下列情形：

（一）损害国家尊严或者利益；

（二）损害社会公共利益或者妨碍社会公共秩序；

（三）使用或者变相使用政党、党政军机关、群团组织名称及其简称、特定称谓和部队番号；

（四）使用外国国家（地区）、国际组织名称及其通用简称、特定称谓；

（五）含有淫秽、色情、赌博、迷信、恐怖、暴力的内容；

（六）含有民族、种族、宗教、性别歧视的内容；

（七）违背公序良俗或者可能有其他不良影响；

（八）可能使公众受骗或者产生误解；

（九）法律、行政法规以及国家规定禁止的其他情形。

第十二条　企业名称冠以"中国""中华""中央""全国""国家"等字词，应当按照有关规定从严审核，并报国务院批准。国务院市场监督管理部门负责制定具体管理办法。

企业名称中间含有"中国""中华""全国""国家"等字词的，该字词应当是行业限定语。

使用外国投资者字号的外商独资或者控股的外商投资企业，企业名称中可以含有"（中国）"字样。

第十三条　企业分支机构名称应当冠以其所从属企业的名称，并缀以"分公司""分厂""分店"等字词。境外企业分支机构还应当在名称中标明该企业的国籍及责任形式。

第十四条　企业集团名称应当与控股企业名称的行政区划名称、字号、行业或者经营特点一致。控股企业可以在其名称的组织形式之前使用"集团"或者"（集团）"字样。

第十五条　有投资关系或者经过授权的企业，其名称中可以含有另一个企业的名称或者其他法人、非法人组织的名称。

第十六条　企业名称由申请人自主申报。

申请人可以通过企业名称申报系统或者在企业登记机关服务窗口提交有关信息和材料，对拟定的企业名称进行查询、比对和筛选，选取符合本规定要求的企业名称。

申请人提交的信息和材料应当真实、准确、完整，并承诺因其企业名称与他人企业名称近似侵犯他人合法权益的，依法承担法律责任。

第十七条　在同一企业登记机关，申请人拟定的企业名称中的字号不得与下列同行业或者不使用行业、经营特点表述的企业名称中的字号相同：

（一）已经登记或者在保留期内的企业名称，有投资关系的除外；

（二）已经注销或者变更登记未满 1 年的原企业名称，有投资关系或者受让企业名称的除外；

（三）被撤销设立登记或者被撤销变更登记未满 1 年的原企业名称，有投资关系的除外。

【案例评析】

对于第一个争议问题，此处需要分别对三家公司进行分析。《民法典》规定：非法人组织享有名称权，任何组织或者个人不得以干涉、盗用、假冒等方式侵害其名称权。本案中，GH 所未经 XY 所许可，在搜索广告上使用 XY 所的名称进行商业应用和宣传，具有主观上的过错。GH 所二审申请证人张某出庭作证，拟证明系其员工误操作所致，但该证人系 GH 所的在职员工，与 GH 所具有一定利害关系，证明力较低，且 GH 所并未提交证据证明其有制度规定禁止推广人员进行同行关键词设置，故该证人证言不足以采信。XY 所作为具有一定知名度的营利性律师事务所，其名称具有相应的经济价值，GH 所的涉案行为必然会对 XY 所造成一定影响，进而产生相应的经济损失。故此，一审法院认定 GH 所的涉案行为构成对 XY 所名称权的侵害，于法有据，并无不当。

关于 QH 公司是否构成侵权。《中华人民共和国广告法》第二条第一款规定："在中华人民共和国境内，商品经营者或者服务提供者通过一定媒介和形式直接或者间接地介绍自己所推销的商品或者服务的商业广告活动，适用本法。"该法第四十四条规定："利用互联网从事广告活动，适用本法。"本案中，GH 所为介绍自己律所的服务，与 SS 公司签订涉案"SLL 搜索广告服务购买订单"，通过搜索引擎设置关键词的形式推广其服务，属于广告。《中华人民共和国广告法》第二条第四款规定："本法所称广告发布者，是指为广告主或者广告主委托的广告经营者发布广告的自然人、法人或者其他组织。"QH 公司作为涉案搜索引擎服务提供商，其在搜索推广服务中，向用户收取服务费用，并以广告的形式将推广链接排序在网站链接排名顺序的前列，一审法院据此认定 QH 公司在本案中同时具有广告发布者的身份，有事实和法律依据。鉴于 QH 公司提供收费服务，故其在本案中并不能适用"通知并删除"的免责方式，QH 公司对 GH 所设置关键词的合法性，应当比一般的网络服务提供者负有更高的审查义务。但 QH 公司并未对 GH 所将竞争对手的名称设置为关键词进行技术审查，也未提交证据证明无法通过技术手段进行审查，故可以认定 QH 公司的涉案行为主观上存在过错，客观上也为 GH 所的侵权行为提供了帮助。一审法院根据查明的事实及各方提交的证据认定 QH 公司与 GH 所构成共同侵权，并无不当，本院予以确认。

关于第二个争议问题，《中华人民共和国民法典》第九百九十五条规定："人格权受到侵害的，受害人有权依照本法和其他法律的规定请求行为人承担民事责任。"第一百七十九条规定："承担民事责任的方式主要有：（一）停止侵害；（二）排除妨碍；（三）消除危险；（四）返还财产；（五）恢复原状；（六）修理、重作、更换；（七）继续履行；（八）赔偿损失；（九）支付违约金；（十）消除影响、恢复名誉；（十一）赔礼道歉。法律规定惩罚性赔偿的，依照其规定。本条规定的承担民事责任的方式，可以单独适用，也可以合并适用。"同时，该法第一千条第一款规定："行为人因侵害人格权承担消除影响、恢复名誉、赔偿道歉等民事责任的，应当与行为的具体方式和造成的影响范围相当。"本案中，涉案"XY"的关键词已经被停止使用，且 QH 公司对"XY"字样采取了关键词设置的限制措施，故一审法院对 XY 所要求 GH 所停止侵权的请求不再予以支持，符合本案实际，本院予以确认。GH 所系从事法律服务的机构，更应遵纪守法，并积极弘扬良好社会道德风尚。GH 所的涉案行为有悖于社会主义核心价值观所倡导的理念，一审法院根据本案实际，并结合涉案侵权行为的具体方式，判令 GH 所向 XY 所书面赔礼道歉，符合《民法典》第一千条的规定。同时，XY 所的名称具有一定的经济价值，GH 所的涉案行为会对 XY 所造成一定损失，且 XY 所的诉讼维权行为亦需要经济成本，综合考虑 GH 所的主观过错程度、客观影响以及 XY 所的合理维权成本等因素，一审法院酌情认定 GH 所向 XY 所赔偿包含维权费用在内的经济损失共计 65 000 元，并无明显不妥。GH 所提交的证据并不足以证明其涉案行为系无心之失，故 GH 所关于书面形式赔礼道歉与其过错程度不符及一审法院酌定的 65 000 元经济损失与 XY 所的实际损失不符的上诉主张，理据不足，本院不予采纳。如前所述，QH 公司与 GH 所的行为构成共同侵权，QH 公司在本案中并不能适用"通知并删除"的免责方式，根据《民法典》第一千一百六十八条的规定，一审法院判令 QH 公司承担连带责任，于法有据，本院予以确认。

【案例启示】

名称权是企业从事商事活动的重要标识性权利，已逐渐成为企业的核心资产。本案立足于数字经济发展新赛道，通过揭示竞价排名广告的商业逻辑，明确他人合法注册的企业名称受到保护，任何人不得通过"蹭热点""傍名牌"等方式侵害他人企业名称权。同时，本案还对网络服务提供者的审查义务进行了厘定，敦促其利用技术优势实质性审查"竞价排名"关键词的权属情况等，对制约商标侵权、不正当竞争行为，规范行业竞争秩序，构筑健康的品牌经济具有积极作用。

第二节　商标

【案例介绍】

当事人：

北京 QF 包子铺（以下简称"QF 包子铺"）。住所地：北京市西城区××街 178 号。法定代表人：高某某，该公司总经理。

山东 QF 餐饮管理有限公司（以下简称"QF 餐饮公司"）。住所地：山东省济南市高新区××路号××中心 2 号楼。法定代表人：徐 QF，该公司总经理。

基本案情：

1986 年 6 月 3 日，北京市工商行政管理局颁发给北京市西城区饮食公司 QF 包子铺的营业执照载明，经营地址为西长安街×××号，经济性质全民，核算形式独立核算，开业日期 1956 年，经营方式零售，经营范围面食。

1998 年 1 月 28 日，北京 HT 饮食集团公司经核准注册取得"慶豐"商标，商标注册证第 1171838 号，核定服务项目第 42 类（现为第 43 类）：餐馆，临时餐室，自助餐室，快餐馆和咖啡馆。2008 年 8 月 14 日，上述商标经核准变更注册人名义为 QF 包子铺，经续展注册有效期自 2008 年 4 月 28 日至 2018 年 4 月 27 日。

2003 年 7 月 21 日，北京市西城区 QF 包子铺经核准注册取得"老 QF+laoqingfeng"商标，商标注册证第 3201612 号，核定使用商品第 30 类：方便面、糕点、面包、饺子、大饼、馒头、元宵、豆沙、包子、肉泡馍。2008 年 11 月 13 日，上述商标经核准变更注册人名义为 QF 包子铺，经续展注册有效期自 2013 年 7 月 21 日至 2023 年 7 月 20 日。

2009 年 6 月 24 日，QF 餐饮公司经核准登记成立，法定代表人徐 QF，注册资本 50 万元，公司类型为有限责任公司（自然人投资或控股），经营范围为餐饮管理及咨询，公司股东为三自然人，其中徐 QF 出资 35 万元，占 70%。2013 年 7 月 23 日，北京市中信公证处应 QF 包子铺申请，登录 QF 餐饮公司的网站 www. qing-fengcanyin. com 进行证据保全，出具了（2013）京中信内经证字 18419 号公证书。上述公证书记载，QF 餐饮公司网站设有"走进 QF""QF 文化""QF 精彩""QF 新闻"等栏目，自 2009 年 7 月 15 日至 2012 年 8 月 26 日，QF 餐饮公司开办了 JL 餐厅等八家企业内设餐厅。2010 年 6 月 4 日，济南 JL 汽车有限公司餐厅开业，QF 餐饮公司打出"QF 餐饮全体员工欢迎您"横幅。

本案一审中，QF 包子铺起诉 QF 餐饮公司的侵权行为包括两类：第一，QF 餐饮公司注册并使用"济南 QF 餐饮管理有限公司"企业名称侵害 QF 包子铺的注册商标专用权；第二，QF 餐饮公司在其网站设立"走进 QF"等栏目，在经营场所打出"QF 餐饮全体员工欢迎您"横幅侵害 QF 包子铺的注册商标专用权。一审法院判决：依照《中华人民共和国商标法》第五十一条，《最高人民法院关于民事诉讼证据的若干规定》第二条，《企业名称登记管理规定》第三条的规定，判决如下：驳回 QF 包子铺的诉讼请求。一审案件受理费 9 700 元，由 QF 包子铺负担。

QF 包子铺不服一审判决，向二审法院提起上诉，请求撤销一审判决，依法改判。二审法院判决：驳回上诉，维持原判。

QF 包子铺不服山东省高级人民法院（2014）鲁民三终字第 43 号民事判决，向最高人民法院申请再审。依照《中华人民共和国民事诉讼法》第二百零七条第一款、第一百七十条第一款第（二）项之规定，再审判决如下：一、撤销山东省高级人民法院（2014）鲁民三终字第 43 号民事判决；二、撤销山东省济南市中级人民法院（2013）济民三初字第 716 号民事判决；三、山东 QF 餐饮管理有限公司于本判决生效之日起立即停止使用"QF"标识的侵害北京 QF 包子铺注册商标专用权的行为；四、山东 QF 餐饮管理有限公司于本判决生效之日起立即停止在其企业名称中使用"QF"字号的不正当竞争行为；五、自本判决生效之日起十日内，山东 QF 餐饮管理有限公司赔偿北京 QF 包子铺经济损失及合理费用 5 万元；六、驳回北京 QF 包子铺的其他诉讼请求。

案例来源：最高人民法院公报，案号为（2016）最高法民再 238 号。

【争议问题】

1. QF 餐饮公司在其网站、经营场所使用"QF"文字的行为是否侵害 QF 包子铺的涉案注册商标专用权？

2. QF 餐饮公司将"QF"文字作为其企业字号注册并使用的行为，是否构成不正当竞争？

3. QF 餐饮公司应如何承担民事责任？

【理论知识】

一、商标概述

"商标"一词是外来词，英文表述为"trademark"或"brand"。在中国，人们将"商标"俗称为"牌子"。商标是世界通用的法律用语，但各国对商标的表述不同。《法国知识产权法典》对商标的定义为："商标或服务商标是指用以区别自然人或法人的商品或服务并可用书写描绘的标记。"《中华人民共和国商标法》（以下简称《商标法》）第八条规定："任何能够将自然人、法人或者其他组织的商品与他人的商品区别开的标志，包括文字、图形、字母、数字、三维标志、颜色组合和声音等，以及上述要素的组合，均可以作为商标申请注册。"

综合考察中外商标立法的规定，商标是指商品的生产经营者在其商品或服务上使用的，由文字、图形、颜色、三维标志和声音等要素或其组合构成的，具有显著特征，便于识别同类商品或服务来源的标记。商标依附于商品，是识别同类商品或服务来源的标记。商标是商品的信息载体，从经济学意义上，能够帮助消费者降低搜索商品的时间和成本。按照不同的划分标准，商标可分为不同的类型，以下简述三类比较典型的商标类别。

（一）按商标使用对象的不同，商标可划分为商品商标和服务商标

商品商标，是指商品的生产者或经营者，为了使自己生产或经营的商品与他人生产或经营的商品相区分而使用的标志。这种商标是人们生活中最常见的一种商标，如使用在汽车上的"奔驰""宝马"等标记。服务商标，是指提供服务的经营者，为将自己提供的服务与他人提供的服务相区别而使用的标志。服务商标由文字、图形或者其组合构成，如用于快餐业的"麦当劳""肯德基"标记。

（二）针对可视性的商标，依据其二维和三维状态，可分为平面商标和立体商标

平面商标，是指商品的标记均呈现在一个水平面上的商标。根据《与贸易有关的知识产权协议》和《商标法》的规定，平面商标包括文字商标、图形商标、字母商标、数字商标、颜色组合商标以及上述标记的任意组合商标等。立体商标，是指以产品的外形或产品的长、宽、高三维标志为构成要素的商标。在实际生活中，像酒瓶、饮料瓶、香水瓶和容器及产品的独特外包装等具有立体标志的物品，可以申请立体商标。如可口可乐公司的汽水饮料的瓶形，设计独具特色，具有较强的识别性，就在美国注册了立体商标。

（三）按照商标知名度地域的不同，商标可分为驰名商标和著名商标

驰名商标是指经过长期使用，在市场上享有较高信誉，并为公众所熟知的商标。驰名商标按照其知名的地域范围，又可分为世界驰名商标和全国驰名商标。著名商标是指知名度高于普通商标、低于驰名商标的商标。在我国，著名商标主要是指各省、直辖市和自治区评选出的省级商标。

二、商标权及其保护

（一）商标权的概念

商标权是指商标所有人依法对其注册商标所享有的专有权。《商标法》第三条规定，经商标局核准注册的商标为注册商标，商标注册人享有商标专用权，受法律保护。由此可见，我国商标权的取得是根据注册原则确定的，商标权实际上就是指注册商标专用权。注册商标与未注册商标的法律地位不同。未注册商标是指没有经过国家商标局核准注册而自行使用的商标。我国允许使用未注册商标，但它不享有商标专用权。

（二）商标权的特性

1. 国家授予性

商标权的取得，要经过申请人的申请、国家主管机关的审批、核准公告之后才能获得。商标权是国家授予的，不是自动取得的。

2. 权利内容的单一性

商标权尽管是一种民事权利，但其权利内容比较单一，不包含人身权，只有财产权。关于商标的设计而产生的人身权利，属于著作权法调整的范畴。

3. 时间的相对永久性

商标权是一种知识产权，其保护期也有时间的限制。商标有效期届满，应当进行续展注册，否则，该商标就不再受法律保护。对商标权人而言，只要每次有效期届满前及时申请商标续展，该注册商标就可能永远被保护。

（三）商标权的取得

1. 取得条件

申请注册的商标，应当有显著特征，便于识别，并不得与他人在先取得的合法权利相冲突。下列标志不得作为商标使用：

（1）同中华人民共和国的国家名称、国旗、国徽、军旗、勋章相同或者近似的，以及同中央国家机关所在地特定地点的名称或者标志性建筑物的名称、图形相同的；

（2）同外国的国家名称、国旗、国徽、军旗相同或者近似的，但该国政府同意的除外；

（3）同政府间国际组织的名称、旗帜、徽记相同或者近似的，但经该组织同意或者不易误导公众的除外；

（4）与表明实施控制、予以保证的官方标志、检验印记相同或者近似的，但经授权的除外；

（5）同“红十字”“红新月”的名称、标志相同或者近似的；

（6）带有民族歧视性的；

（7）夸大宣传并带有欺骗性的；

（8）有害于社会主义道德风尚或者有其他不良影响的。

县级以上行政区划的地名或者公众知晓的外国地名，不得作为商标。但是，地名具有其他含义或者作为集体商标、证明商标组成部分的除外；已经注册的使用地名的商标继续有效。

下列标志不得作为商标注册：

（1）仅有本商品的通用名称、图形、型号的；

（2）仅直接表示商品的质量、主要原料、功能、用途、重量、数量及其他特点的；

（3）缺乏显著特征的。

前款所列标志经过使用取得显著特征，并便于识别的，可以作为商标注册。

以三维标志申请注册商标的，仅由商品自身的性质产生的形状、为获得技术效果而需要的商品形状或者使商品具有实质性价值的形状，不得注册。

就相同或者类似商品申请注册的商标是复制、模仿或者翻译他人未在中国注册的驰名商标，容易导致混淆的，不予注册并禁止使用。

就不相同或者不相类似商品申请注册的商标是复制、模仿或者翻译他人已经在中国注册的驰名商标，误导公众，致使该驰名商标注册人的利益可能受到损害的，不予注册并禁止使用。

2. 取得程序

大陆法系国家规定，商标权须经注册而取得，只要商标权利人保持商标注册，并按时更新注册，就可继续保持其专用权。申请商标注册的，应当按规定的商品分类表填报使用商标的商品类别和商品名称。商标注册申请人在不同类别的商品上申请注册同一商标的，应当按商品分类表提出注册申请。对初步审定的商标，自公告之日起三个月内，任何人均可以提出异议。公告期满无异议的，予以核准注册，发给商标注册证，并予以公告。

（四）商标权的保护

1. 商标权的保护期限

商标权的保护期限是指注册商标所有人享有的商标专用权的有效期限。各国商标法对注册商标的有效期都有规定，但时间的长短不同。我国注册商标的有效期为十年，自核准注册之日起计算。在规定商标权保护期限的同时，《商标法》又对注册商标的续展做了规定。商标权的续展，是指注册商标所有人为了在注册商标有效期满后，继续享有注册商标专用权，按规定申请并经批准延续其注册商标有效期的一种制度。商标权的续展制度有利于商标所有人根据自己的经营情况来进行选择，或者延长注册商标有效期，或者通过不续展的方式放弃一些商标权。

2. 商标权的保护范围

商标权的保护范围是指商标权人有权禁止他人在与其核定使用的相同或类似的商品上使用与其核准注册商标相同或者相近似的商标。简而言之，商标权的保护范围是商标权人行使禁止权的范围。

有下列行为之一的，均属侵犯注册商标专用权：①未经商标注册人的许可，在同一种商品上使用与其注册商标相同的商标的；②未经商标注册人的许可，在同一种商品上使用与其注册商标近似的商标，或者在类似商品上使用与其注册商标相同或者近似的商标，容易导致混淆的；③销售侵犯注册商标专用权的商品的；④伪造、擅自制造他人注册商标标识或者销售伪造、擅自制造的注册商标标识的；⑤未经商标注册人同意，更换其注册商标并将该更换商标的商品又投入市场的；⑥故意为侵犯他人商标专用权行为提供便利条件，帮助他人实施侵犯商标专用权行为的；⑦给他人的注册商标专用权造成其他损害的。

3. 侵犯商标权的法律后果

侵犯商标权的法律后果是承担多重法律责任，主要有行政执法中承担的责任、民事法律责任和刑事法律责任。

《商标法》第六十条规定，有本法第五十七条所列侵犯注册商标专用权行为之一，引起纠纷的，由当事人协商解决；不愿协商或者协商不成的，商标注册人或者利害关系人可以向人民法院起诉，也可以请求工商行政管理部门处理。工商行政管理部门责令立即停止侵权行为，没收、销毁侵权商品和主要用于制造侵权商品、伪造注册商标标识的工具、行政罚款等就是商标行政执法中侵权人承担的责任。

商标侵权中承担民事法律责任的主要方式为停止侵害、赔偿损失。承担停止侵害的民事责任，并不要求侵权人主观上具有过错。

《商标法》第六十一条规定，对侵犯注册商标专用权的行为，工商行政管理部门有权依法查处；涉嫌犯罪的，应当及时移送司法机关依法处理。根据《商标法》第六十七条和《中华人民共和国刑法》第二编第三章第七节第二百一十三条至二百一十五条关于侵犯知识产权罪的规定，有关商标的犯罪主要有假冒注册商标罪、伪造、擅自制造、销售非法制造他人注册商标标识罪、销售假冒注册商标商品罪。

【关联法条】

《中华人民共和国商标法》

第三条　经商标局核准注册的商标为注册商标，包括商品商标、服务商标和集体商标、证明商标；商标注册人享有商标专用权，受法律保护。

第八条　任何能够将自然人、法人或者其他组织的商品与他人的商品区别开的标志，包括文字、图形、字母、数字、三维标志、颜色组合和声音等，以及上述要素的组合，均可以作为商标申请注册。

第九条　申请注册的商标，应当有显著特征，便于识别，并不得与他人在先取得的合法权利相冲突。商标注册人有权标明"注册商标"或者注册标记。

第五十六条　注册商标的专用权，以核准注册的商标和核定使用的商品为限。

第五十七条　有下列行为之一的，均属侵犯注册商标专用权：（一）未经商标注册人的许可，在同一种商品上使用与其注册商标相同的商标的；（二）未经商标注册人的许可，在同一种商品上使用与其注册商标近似的商标，或者在类似商品上使用与其注册商标相同或者近似的商标，容易导致混淆的；（三）销售侵犯注册商标专用权的商品的；（四）伪造、擅自制造他人注册商标标识或者销售伪造、擅自制造的注册商标标识的；（五）未经商标注册人同意，更换其注册商标并将该更换商标的商品又投入市场的；（六）故意为侵犯他人商标专用权行为提供便利条件，帮助他人实施侵犯商标专用权行为的；（七）给他人的注册商标专用权造成其他损害的。

第五十八条　将他人注册商标、未注册的驰名商标作为企业名称中的字号使用，误导公众，构成不正当竞争行为的，依照《中华人民共和国反不正当竞争法》处理。

第五十九条　注册商标中含有的本商品的通用名称、图形、型号，或者直接表示商品的质量、主要原料、功能、用途、重量、数量及其他特点，或者含有的地名，注册商标专用权人无权禁止他人正当使用。三维标志注册商标中含有的商品自身的性质产生的形状、为获得技术效果而需有的商品形状或者使商品具有实质性价值的形状，注册商标专用权人无权禁止他人正当使用。商标注册人申请商标注册前，他人已经在同一种商品或者类似商品上先于商标注册人使用与注册商标相同或者近似并有一定影响的商标的，注册商标专用权人无权禁止该使用人在原使用范围内继续使用该商标，但可以要求其附加适当区别标识。

第六十条　有本法第五十七条所列侵犯注册商标专用权行为之一，引起纠纷的，由当事人协商解决；不愿协商或者协商不成的，商标注册人或者利害关系人可以向人民法院起诉，也可以请求工商行政管理部门处理。

第六十一条　对侵犯注册商标专用权的行为，工商行政管理部门有权依法查处；涉嫌犯罪的，应当及时移送司法机关依法处理。

第六十七条　未经商标注册人许可，在同一种商品上使用与其注册商标相同的商标，构成犯罪的，除赔偿被侵权人的损失外，依法追究刑事责任。伪造、擅自制造他人注册商标标识或者销售伪造、擅自制造的注册商标标识，构成犯罪的，除赔偿被侵权人的损失外，依法追究刑事责任。销售明知是假冒注册商标的商品，构成犯罪的，除赔偿被侵权人的损失外，依法追究刑事责任。

【案例评析】

关于本案，最高院认为：

第一，关于 QF 餐饮公司在其网站、经营场所使用"QF"文字的行为是否侵害 QF 包子铺涉案注册商标专用权的问题。

《商标法》第五十二条第（一）项规定："未经商标注册人许可，在同一种商品或者类似商品上使用与其注册商标相同或者近似的商标，属于侵犯注册商标专用权的行为。"《最高人民法院关于审理商标民事纠纷案件适用法律若干问题的解释》第一条第一款规定："将与他人注册商标相同或者相近似的文字作为企业的字号在相同或者类似商品上突出使用，容易使相关公众产生误认的，属于商标法第五十二条第（五）项规定的给他人注册商标专用权造成其他损害的行为。"

首先，关于 QF 餐饮公司对"QF"文字的使用状况。QF 餐饮公司在其公司网站上开设"走进 QF""QF 文化""QF 精彩""QF 新闻"等栏目，在经营场所挂出"QF 餐饮全体员工欢迎您"的横幅，相关公众会将"QF"文字作为区别商品或者服务来源的标识，QF 餐饮公司的使用行为属于对"QF"商标标识的突出使用，其行为构成商标性使用。其次，关于 QF 包子铺涉案注册商标的知名度情况。根据一审、二审法院查明的事实，QF 包子铺的"慶豐"商标自 1998 年 1 月 28 日核准注册至 QF 餐饮公司 2009 年 6 月 24 日成立，已有十多年的时间；QF 包子铺的"老 QF+laoqingfeng"商标的核准注册时间也比 QF 餐饮公司成立时间早近六年。QF 包子铺的连锁店于 2007 年被北京市商务局认定为"中国风味特色餐厅"。QF 包子铺于 2007 年在北京广播电台、电视台投入的广告费用为 131 万余元，2008 年至 QF 餐饮公司成立之前，其在上述媒体上投入的广告费用为 322 万余元。QF 包子铺采用全国性连锁经营的模式，经过多年诚信经营和广告宣传，取得了较高的显著性和知名度。再次，关于 QF 餐饮公司使用的"QF"文字与涉案注册商标的近似性判断。QF 包子铺在餐馆服务上注册的"慶豐"商标及在方便面、糕点、包子等商品上注册的"老 QF+laoqingfeng"商标，在全国具有较高的知名度和影响力。"慶豐"与"QF"是汉字繁体与简体的对应关系，其读音相同；"老 QF+laoqingfeng"完全包含了"QF"文字。QF 餐饮公司将"QF"两字以商标的形式使用在与 QF 包子铺的上述两注册商标核定使用的商品或服务构成类似的餐馆服务上，容易使相关公众对商品或服务的来源产生误认或者认为其源自 QF 餐饮公司与 QF 包子铺之间的某种特定联系，从而导致相关公众的混淆和误认。最后，关于 QF 餐饮公司使用"QF"文字的合理性判断。QF 餐饮公司主张其对"QF"文字的使用属于合理使用其企业字号，且系对其公司法定代表人徐 QF 名字的合理使用。对此，本院认为，QF 餐饮公司的法定代表人为徐 QF，其姓名中含有"QF"二字，徐 QF 享有合法的姓名权，当然可以合理使用自己的姓名。但是，徐 QF 将其姓名作为商标或企业字号进行商业使用时，不得违反诚实信用原则，不得侵害他人的在先权利。徐 QF 曾在北京餐饮行业工作，应当知道 QF 包子铺商标的知名度和影响力，却仍在其网站、经营场所突出使用与 QF 包子铺注册商标相同或相近似的商标，明显具有攀附 QF 包子铺注册商标知名度的恶意，容易使相关公众产生误认，属于前述司法解释规定的给他人注册商标专用权造成其他损害的行为，其行为不属于对该公司法定代表人姓名的合理使用。因此，QF餐饮公司的被诉侵权行为构成对 QF 包子铺涉案注册商标专用权的侵犯，一审、二审法院关于 QF 餐饮公司的被诉行为属于合理使用、不构成侵权的认定错误，本院予以纠正。

需要指出的是，我国商标法鼓励生产、经营者通过诚实经营保证商品和服务质量，建立与其自身商业信誉相符的知名度，不断提升商标的品牌价值，同时保障消费者和生产、经营者的利益。QF 餐饮公司可以注册其独有的具有识别性的商标，通过其自身的生产经营和广告宣传，创建和强化自己的品牌，建立与其品牌相符的商业信誉，提升企业竞争力，促进企业的长远发展。

第二，关于 QF 餐饮公司将"QF"文字作为其企业字号注册并使用的行为是否构成不正当竞争的问题。

《中华人民共和国反不正当竞争法》第五条第（三）项规定："擅自使用他人的企业名称或者姓名，引人误以为是他人的商品的行为属于不正当竞争行为。"《最高人民法院关于审理不正当竞争民事案件应用法院若干问题的解释》第六条规定："……具有一定的市场知名度、为相关公众所知悉的企业名称中的字号，可以认定为反不正当竞争法第五条第（三）项规定的'企业名称'。"

根据一审、二审法院查明的事实，QF 包子铺自 1956 年开业，1982 年 1 月 5 日起开始使用"QF"企业字号，至 QF 餐饮公司注册之日止已逾 27 年，属于具有较高的市场知名度、为相关公众所知悉的企业名称中的字号，QF 餐饮公司擅自将 QF 包子铺的字号作为其字号注册使用，经营相同的商品或服务，具有攀附 QF 包子铺企业名称知名度的恶意，其行为构成不正当竞争。二审法院认定 QF 餐饮公司的行为不构成不正当竞争错误，本院予以纠正。

第三，关于 QF 餐饮公司民事责任的承担问题。

QF 餐饮公司的被诉侵权行为构成侵害 QF 包子铺注册商标专用权的行为和不正当竞争，应当承担停止上述行为并赔偿损失的民事责任。QF 包子铺未提供因 QF 餐饮公司上述侵权行为所遭受的损失或 QF 餐饮公司所获利润的证据，故本院结合侵权行为的性质、程度及 QF 餐饮公司上述侵权行为的主观心理状态等因素，酌定 QF 餐饮公司赔偿 QF 包子铺经济损失及合理费用人民币 5 万元。QF 包子铺未举证证明其商标商誉及企业信誉因 QF 餐饮公司的侵权和不正当竞争行为受到的损害，本院对其要求 QF 餐饮公司在《济南日报》上发表声明消除影响的诉讼请求不予支持。

【案例启示】

党的二十大报告指出："加强知识产权法治保障，形成支持全面创新的基础制度。"商标是知识产权的一个重要组成部分，我国商标法鼓励生产、经营者通过诚实经营保证商品和服务质量，建立与其自身商业信誉相符的知名度，不断提升商标的品牌价值，同时保障消费者和生产、经营者的利益。公民享有合法的姓名权，当然可以合理使用自己的姓名。但是，公民在将其姓名作为商标或企业字号进行商标使用时，不得违反诚实信用原则，不得侵害他人的在先权利。明知他人注册商标或字号具有较高的知名度和影响力，仍注册与他人字号相同的企业字号，在同类商品或服务上突出使用与他人注册商标相同或相近似的商标或字号，明显具有攀附他人注册商标或字号知名度的恶意，容易使相关公众产生误会，其行为不属于对姓名的合理使用，构成侵害他人注册商标专用权和不正当竞争。

第四章

商事合同

第一节　商事合同概述

【案例介绍】

一、基本案情

2004 年 10 月 9 日，某学校就其自筹资金 1 300 万元对学校学生住宿楼、食堂、教室和办公楼进行整体改造项目向省计委申请立项。2004 年 10 月 18 日，省发改委同意某学校校园改扩建工程项目。

2005 年 5 月 31 日，原告 HT 公司与被告某学校签订合同，约定由原告出资改造体育学校的教学环境，进行拆旧建新，原告负责出资建设新教学楼、办公楼、学生训练及生活用房，建设完成后移交被告，同时原告获得分配使用部分房屋的权利，使用期 15 年。使用期间原告自主经营、独立核算，但每年需向被告交纳 20 万元管理费。其中合同第九条特别约定：在原告使用期内如遇政府拆迁，所得补偿若属被告使用权部分，该补偿归被告某学校所有，若属原告使用权部分则归原告所有。2007 年新校区建成后，原告与被告就建成后的房屋进行了分配使用；同时，应被告上级单位的要求，双方将建成后的房屋资产及相关资料向被告某局进行了报备。原告实际从 2007 年 9 月获得相关房屋的经营使用权。在原告使用期间，由于门面房的实际经营效益不佳，为弥补原告的亏损，被告与原告于 2011 年 7 月 20 日签订了《补充协议》，双方根据现有房屋的实际使用状况，约定将原告的使用期限调整为 16 年零 6 个月，即在原使用期限的基础上延长一年半的时间。当原告使用至第 11 年时，该房屋被纳入征收范围。2018 年 12 月，被告正式通知原告停止经营，原告即停止使用房屋，实际只使用了 11 年零 3 个月。后因拆迁补偿该场馆获得拆迁补偿款，原告认为基于合同第九条约定，其有权取得使用部分对应的拆迁补偿款。

案例来源：贵州省高级人民法院公众号，2023 年 4 月 12 日发布的"贵州高院商事审判十大典型案例"。

二、裁判结果

贵州高院生效裁判认为：HT 公司的投资建设行为，是其租赁建成后房屋的对价之一（另还有租金）。不论双方是否约定 HT 公司使用建成的房屋应支付租金，HT 公司对建成房屋的使用都已经支付了对价。某学校、某局签约的真实意思表示是通过出租土地，让 HT 公司投资完成房屋的建设并将房屋出租获取收益，其缔约目的落实在通过租赁房屋获取租金收益上。

案涉土地虽然是国有划拨土地，但其规划用途为体育馆和商业，属于可以从事商业经营的土地，且从《中华人民共和国城市房地产管理法》第五十五条规定可以看出，法律并不完全禁止国有划拨土地从事商业经营。案涉合同《补充协议》均系当事人的真实意思表示，未违反法律、行政法规的禁止性规定，合法有效。

某学校系某局下属单位，从 2004 年申请改造立项，到与 HT 公司签订合同筹措资金新建房屋，再到房屋建成后分配使用、交纳管理费等过程来看，某局策划项目并上报审批，对某学校与 HT 公司的签约和房屋分配使用情况某局均是知晓并且认可的，在合同履行长达 14 年的时间里，某局从未提出过任何异议，且在诉讼中，某局与某学校亦立场相同、主张一致，现某局主张某学校与 HT 公司签订的第三条、第九条内容系无权处分而无效与事实不符，违背诚实信用原则，其主张不能成立。

案涉房屋系 HT 公司出资修建，HT 公司收回其投入的方式为低价获得部分房屋的使用权，使用期限为 16 年零 6 个月。房屋建成后，HT 公司依约对分配给其使用的房屋进行使用管理，对外出租获取收益，即 HT 公司系通过低价获得房屋使用权再对外转租获取收益的方式逐步收回其建房所付出的成本，合同期满后，案涉房屋将全部归还给某局和某学校，HT 公司要求按照约定使用的面积获得对应全部拆迁补偿款无法律依据。而从双方合同约定来看，如遇政府拆迁，HT 公司对应使用权部分应获得补偿，某局和某学校所提 HT 公司无权获得拆迁补偿的主张不能成立，依据评估报告所采用的收益年限法将该使用权部分的补偿理解为对应房屋剩余使用年限所产生的收益符合双方合同约定本意和合理预期。关于剩余使用年限的认定。2007 年案涉房屋建成后，双方对建成后的房屋进行了分配使用，于 2007 年 10 月 16 日进行交接，该校于 2018 年 12 月 31 日通知 HT 公司离场。案涉房屋虽然于 2007 年 4 月 19 日竣工验收，但对于如何分配使用尚未进行交接，直至 2017 年 10 月 16 日进行分配使用并交接后 HT 公司才能实际对案涉房屋进行使用，而对于截止时间，虽然 HT 公司自用的房屋搬离时间为 2019 年 11 月，但自该校通知 HT 公司离场时起，租户陆续搬离，HT 公司未收取后续租金，其自用房屋继续使用系为配合拆迁工作，不能视为 HT 公司继续占有使用案涉房屋。认定 HT 公司剩余使用年限为 5 年 3 个月 16 日正确。关于补偿款计算方式问题，根据《房地产估价报告》，该报告的估价方法为收益法，估价对象房地产虽合法性认定为商业、训练馆及教学楼等，但在实际使用中，部分训练馆等用于经营洁具市场，现状使用用途与产权认定用途不一致，评估时考虑了市场经营收益；报告同时载明，案涉房屋所占用土地性质系国有划拨土地，评估结果已经扣减应补缴的土地出让金，房地产评估价值包含房屋所占用的国有划拨土地使用价值，土地价值和房屋价值无法区分，只有二者的结合才能得到评估价。根据评估报告载明的计算公式 $V=A/Y-g\{1-[(1+g)/(1+Y)]n\}$，其中 n 表示使用年限，依据 HT 公司按照合同约定剩余使用年限为 5.25 年，将 n 替换代入公式计算出 HT 公司应获得的补偿款并无不当。

对于征收中未能认定为合法房屋的涉及线外体校仓库的 468.82 平方米，某学校和某局是否有权要求 HT 公司支付租金的问题。该仓库、门面由 HT 公司建设并使用多年，某学校和某局知晓或应该知晓，并未对此提出异议，双方亦未就此房屋的使用要额外收取费用达成一致意见。且根据南明区房屋征收管理局给法院的回函可以得知，涉及线外体校仓库的 468.82 平方米未能认定为合法房屋，即某学校和某局也并非该房屋的合法所有权人，其要求 HT 公司支付该部分房屋的租金无法律依据。

【争议问题】

1. 租赁物由承租人出资修建，承租人收回建造成本的方式为低价租赁部分所修房屋，其与普通租赁合同中的承租方在权利义务上是否应有所区别?
2. 司法实践中，商事合同与民事合同在法律适用上是否有所不同?

【理论知识】

一、商事合同的概念

按照《民法典》第四百六十四条的规定，合同是民事主体之间设立、变更、终止民事法律关系的协议。换言之，合同是平等主体的自然人、法人和非法人组织之间就设立、变更、终止权利义务达成一致意思表示的协议。客观上，民事合同与商事合同在当事人认定、交易结构的繁简、合同瑕疵的容忍抑或矫正、商业逻辑的地位及作用等方面存在着差异，这是民事与商事在本质上存在差异所决定的。基于此，商事合同的定义可以表述为，商事合同是指商事主体互相之间或者商事主体与非商事主体之间以商事交易为目的而订立的合同。当然，因我国采用民商合一的立法体制，有关商事合同的法律适用，主要依据《民法典》的相关规定。

二、商事合同的分类

合同作为商品交换的法律形式，其类型随着现代交易模式的不断发展变化也在不断调整。但是，尽管交易模式在不断变化，合同形态在不断调整，也可以从法律上对合同做出一定的分类，这有利于司法机关处理合同纠纷，也有利于社会大众更好学法、懂法和用法。下面，我们选取几种在司法实践中比较常用或常见的商事合同分类，做一梳理和解读。

（一）双务合同与单务合同

根据当事人在合同中是否互负对待给付义务，合同可分为双务合同和单务合同。双务合同是指当事人双方互负义务的合同。双务合同中，一方当事人享有的权利，即为他方当事人所负的义务，常见的买卖合同、租赁合同等均为双务合同。单务合同是指合同当事人仅有一方负担义务的合同。单务合同中，双方当事人并不互相享有权利和承担义务，而只有一方负担义务另一方不负有相对义务。商事合同多是双务合同。

实践中，区分双务合同和单务合同应当注意以下几点。第一，合同履行抗辩权适用不同。合同履行过程中，合同履行抗辩权的适用仅存在于双务合同中，单务合同并不适用合同履行抗辩权。关于合同履行抗辩权，本章第三节将会详细介绍，此处不再赘述。第二，风险负担规则不同。双务合同中，双方当事人互负义务，其权利义务是互相依存、互为条件的，一方当事人享有某种权利就负有相对义务，应当负担该种义务是否能够履行所对应的风险，单务合同往往不存在风险负担的问题。

（二）有偿合同与无偿合同

根据当事人是否可以从合同中获取利益，合同可分为有偿合同和无偿合同。有偿合同是指一方当事人通过履行合同约定的义务而给予对方当事人某种利益，而对方当事人即享有合同约定该种利益的合同。当然，对方当事人要得到该种利益，需要支付相应对价。有偿合同又称"有偿契约"，是"无偿合同"的对称。无偿合同是指当事人一方享有合同约定的权利，不必向对方当事人支付相应对价的合同。商事合同多是有偿合同。

实践中，有偿合同是商品交换最典型、最常见的模式，绝大多数反映商品交易关系的合同都是有偿合同，如买卖合同、租赁合同、保险合同等是典型的有偿合同。无偿合同是等价有偿原则在适用中的例外现象，很少使用，比较常见的无偿合同有赠予合同、借用合同和无偿保管合同等。当然，有一些合同既可以是有偿合同，也可以是无偿合同，如自然人之间的保管合同大多都是无偿的，而企业之间的保管多是有偿的。需要注意的是，有偿合同与无偿合同的划分，同双务合同与单务合同的划分并不完全等同。一般来说，双务合同都是有偿合同，但单务合同并非全是无偿合同。

（三）诺成合同与实践合同

根据合同成立是否需要实际交付标的物为标准，合同可分为诺成合同和实践合同。诺成合同，又称"不要物合同"，是实践合同的对称，指仅以当事人意思表示一致为成立要件的合同。诺成合同自当事人双方意思表示一致时即可成立，不以一方交付标的物为合同的成立要件，当事人交付标的物属于履行合同，与合同的成立无关。买卖合同是典型的诺成合同。实践合同，又称"要物合同"，是指除当事人双方意思表示一致以外，尚须交付标的物或完成其他给付才能成立的合同。实践合同中，双方当事人仅达成一致意思表示并不能产生权利义务关系，必须有一方当事人实际交付标的物或者完成其他给付才能成立合同继而产生法律效果。

区分诺成合同与实践合同，并不是看当事人是否应交付标的物，而是看交付标的物对合同成立是否有影响或者说是否为合同成立的条件。诺成合同只需要双方当事人意思表示一致即可成立，而实践合同则需要当事人完成给付之后才能成立。例如，定金合同就是典型的实践合同，仅有当事人就给付定金的一致意思表示并不能使得定金合同成立，而需给付定金一方向收受定金一方实际给付定金才能使得定金合同成立。

（四）主合同与从合同

根据合同间的主从关系，合同可分为主合同与从合同。主合同是指不需要其他合同的存在就可以独立存在的合同。从合同是以其他合同的存在为前提的合同。例如，甲公司向乙银行借款，双方签订贷款合同，丙公司为该笔贷款提供担保，又与乙银行签订担保合同。在这个案例中，甲公司与乙银行之间签订的贷款合同是设立主债务的合同，是主合同，而担保合同是从属于贷款合同而存在的，具有附属性，不能单独存在，属于从合同。

从合同依赖主合同而存在，有时又称附属合同，它必须以主合同的存在为前提，不能独立存在，没有主合同就没有从合同。如果主合同未成立、生效，从合同就不能成立、生效；一般情况下，如果主合同权利被转让，那么从合同权利也随之转让，不能单独存在。

【关联法条】

《中华人民共和国民法典》

第四百六十四条　合同是民事主体之间设立、变更、终止民事法律关系的协议。

婚姻、收养、监护等有关身份关系的协议，适用有关该身份关系的法律规定；没有规定的，可以根据其性质参照适用本编规定。

第四百六十五条　依法成立的合同，受法律保护。

依法成立的合同，仅对当事人具有法律约束力，但是法律另有规定的除外。

第五百八十六条　当事人可以约定一方向对方给付定金作为债权的担保。定金合同自实际交付定金时成立。

定金的数额由当事人约定；但是，不得超过主合同标的额的百分之二十，超过部分不产生定金的效力。实际交付的定金数额多于或者少于约定数额的，视为变更约定的定金数额。

《中华人民共和国城市房地产管理法》

第五十五条　住宅用房的租赁，应当执行国家和房屋所在城市人民政府规定的租赁政策。租用房屋从事生产、经营活动的，由租赁双方协商议定租金和其他租赁条款。

第五十六条　以营利为目的，房屋所有权人将以划拨方式取得使用权的国有土地上建成的房屋出租的，应当将租金中所含土地收益上缴国家。具体办法由国务院规定。

【案例评析】

租赁物由承租人出资修建，承租人收回建造成本的方式为低价租赁部分所修房屋，其与普通租赁合同中的承租方在权利义务上应有所区别。案涉合同中约定在承租方使用期内如遇政府拆迁，所得补偿若属出租方使用权部分其补偿归出租方所有，若属承租方使用权部分其补偿归承租方所有。房屋所有权人以签订合同的出租方并非房屋所有权人为由否定该合同的效力，法院通过梳理房屋所有权人与签订合同的出租方的上下级关系以及合同的履行情况，得出房屋所有权人对合同签订及履行情况完全知情的结论，对其违背诚实信用原则的行为进行负面评价，认定其应受该合同约束。在认定合同有效的基础上，从双方合同条款的表述探求双方当事人的真实意思表示，双方的本意在于约定的低价租赁期未届满时如不能继续履行该合同，则应给予承租方相应的补偿，该补偿不同于直接对所有权的补偿，不能依据使用面积直接分配拆迁补偿款。法院结合评估报告中的预期收益评估法，在扣除土地出让金后，用承租方剩余使用年限代入公式得出相应的补偿金额，该方式既保证了土地出让金按规定上交国家，不造成国有资产流失，又保护了出资建房的民营企业的合法权益，对其预期收益进行了有效弥补。

第二节　商事合同的订立

【案例介绍】

一、基本案情

2012 年 4 月 16 日，作为债权人的中国工商银行股份有限公司 LS 支行（以下简称"工行 LS 支行"）与作为保证人的 LB 贸易有限公司（以下简称"LB 公司"）、BG 贸易有限公司（以下简称"BG 公司"）、HJ 贸易有限公司（以下简称"HJ 公司"）、JYD 贸易有限公司（简称"JYD 公司"）、MH 物资贸易有限公司（简称"MH 公司"）签订《最高额联保合同》（以下简称《联保合同》）。该《联保合同》约定，各保证人自主组成的小组，各小组成员都可以成为债务人，一方作为债务人的，其他各方对其债务按本合同约定承担连带保证责任，担保的主债权为自 2012 年 4 月 16 日至 2014 年 4 月 15 日期间在 3 100 万元的最高余额内。工行 LS 支行依据与任一联保小组成员签订的借款合同等而享有的对债务人的债权，各保证人独立地、不分先后顺序地就主合同项下的债务承担全额连带保证责任，保证范围包括主债权本金、利息、复利、罚息等以及实现债权的费用（包括但不限于诉讼费、律师费等），但实现债权的费用不包括在前述最高余额内；联保小组任一成员均应在工行 LS 支行开立保证金专户，并将依照要求缴交的保证金存入该专户中，该专户中的保证金同时为任一联保小组成员与工行 LS 支行签订的主合同项下的债务提供担保；当债务人出现违约事项时，工行 LS 支行可以直接扣收联保小组中任何一成员或全部成员缴交的联保保证金，可以向联保小组中的任何一成员或全部成员主张权利，要求其按照本合同的约定承担连带保证责任。《联保合同》附表中载明各保证人缴交保证金额度为 60 万元，各保证人也均实际缴存了上述保证金。同日，工行 LS 支行与 YZY 融资担保有限公司（以下简称"YZY 公司"）签订《最高额保证合同》，约定 YZY 公司自愿向工行 LS 支行提供担保，担保的主债权为自 2012 年 4 月 16 日至 2014 年 4 月 15 日期间在 600 万元的最高余额内，工行 LS 支行依据与 BG 公司签订的借款合同等而享有的对债务人的债权；保证方式为连带责任保证，保证范围包括主债权本金、利息、复利、罚息以及实现债权的费用（包括但不限于诉讼费、律师费等）；主债权存在物的担保的，无论物的担保是由债务人提供还是第三人提供，工行 LS 支行均有权要求保证人先承担保证责任。同日，工行 LS 支行还与 YRD 市场管理有限公司（以下简称"YRD 公司"）签订了《最高额保证合同》，除 YRD 公司担保的主债权限额为 2 000 万元以外，其余约定均与工行 LS 支行与 YZY 公司签订的《最高额保证合同》相同。同日，工行 LS 支行又与黄某某签订了《最高额保证合同》一份，除黄某某担保的主债权限额为 600 万元以外，其余约定均与工行 LS 支行与 YZY 公司签订的《最高额保证合同》相同。

2012 年 4 月 20 日，工行 LS 支行与 BG 公司签订《小企业借款合同》，约定 BG 公司向工行 LS 支行借款 300 万元，借款期限为 7 个月，自实际提款日起算；计划还款时间为 2012 年 11 月 1 日还 100 万元，2012 年 11 月 17 日还 200 万元；借款利率以基准利率加浮动幅度确定，其中基准利率为 6.56%，浮动幅度为上浮 10%，合同期内浮动幅度不变；借款人提款后，借款利率以 3 个月为一期，一期一调整，分段计息；BG 公司应向指定专户中存入 60 万元的保证金；BG 公司承担工行 LS 支行为实现债权已付和应付的费用，包括但不限于诉讼费、财产保全费、律师费、执行费等。同年 4 月 24 日，工行 LS 支行分 100 万元和 200 万元两笔向 BG 公司发放了上述借款。

2012 年 10 月 16 日，KS 置业有限公司（以下简称"KS 公司"）股东会决议决定，同意将该公司位于江苏省宿迁市宿豫区××号商铺房产，抵押给工行 LS 支行，用于 YRD 公司商户：MH 公司、BG 公司、JH 公司、JYD 公司四户企业在工行 LS 支行办理融资抵押。因此产生一切经济纠纷均由 KS 公司承担。同年 10 月 23 日，KS 公司向工行 LS 支行出具一份房产抵押担保的承诺函，同意以上述房产为上述四户企业在工行 LS 支行融资都可提供抵押担保，并承诺如该四户企业不能按期履行工行 LS 支行的债务，上述抵押物在处置后的价值又不足以偿还全部债务，KS 公司同意用其他财产偿还剩余债务。该承诺函及上述股东会决议均经 KS 公司全体股东签名及加盖 KS 公司公章。2012 年 10 月 24 日，工行 LS 支行与 KS 公司签订《最高额抵押合同》，约定 KS 公司以其名下商铺为抵押自 2012 年 10 月 19 日至 2015 年 10 月 19 日期间，在 4 000 万元的最高余额内，工行 LS 支行依据与 MH 公司、BG 公司、JYD 公司、HJ 公司签订的借款合同等主合同而享有的对债务人的债权，无论该债权在上述期间届满时是否已到期，也无论该债权是否在最高额抵押权设立之前已经产生，都可提供抵押担保，担保的范围包括主债权本金、利息、复利、罚息以及实现债权的费用（包括但不限于诉讼费、律师费、评估费、拍卖费、变卖费等）。同日，双方对该抵押房产依法办理了抵押登记，工行 LS 支行取得 KS 公司名下商铺的房地产他项权证。2012 年 11 月 3 日，KS 公司再次经过股东会决议，并同时向工行 LS 支行出具房产抵押承诺函，股东会决议与承诺函的内容及签名盖章均与前述相同。当日，KS 公司与工行 LS 支行签订《补充协议》，明确双方签订的《最高额抵押合同》担保范围包括 2012 年 4 月 20 日工行 LS 支行与 HJ 公司、MH 公司、JYD 公司和 BG 公司签订的四份贷款合同项下的债权。

截至 2012 年 10 月 31 日，工行 LS 支行共向 HJ 公司、LB 公司、BG 公司、JYD 公司、MH 公司发放了 2 100 万元贷款，上述五公司及 YRD 公司、YZY 公司共向保证金专户缴交了 420 万元保证金。

二、诉讼过程

借款到期后，BG 公司未按期偿还，工行 LS 支行遂诉至安徽省宣城市中级人民法院，请求判令：①BG 公司偿还借款本金 300 万元及利息；②BG 公司给付工行 LS 支行为本案支付的律师费 11 万元；③黄某某对 BG 公司的上述债务在 600 万元范围内承担连带清偿责任；④LB 公司、JYD 公司、MH 公司、HJ 公司、YZY 公司、YRD 公司对 BG 公司的上述债务承担连带清偿责任，其中对第①项诉讼请求中的债务由 LB 公司、JYD 公司、MH 公司、HJ 公司在 3 100 万元限额内承担连带清偿责任，YZY 公司在 600 万元限额内承担连带清偿责任，YRD 公司在 2 000 万元限额内承担连带清偿责任；⑤工行 LS 支行有权就上述第①②项债权以 KS 公司抵押的房地产权证项下的房地产折价或拍卖、变卖所得价款优先受偿；⑥KS 公司对第⑤项诉讼请求中的抵押物折价或拍卖、变卖所得价款偿还 BG 公司上述债务后的余额承担连带清偿责任。

安徽省宣城市中级人民法院于 2013 年 11 月 10 日做出的（2013）宣中民二初字第 00080 号民事判决，判决：①BG 公司于判决生效之日起五日内给付工行 LS 支行借款本金 300 万元及利息（截至 2013 年 5 月 21 日利息为 111 585.79 元，之后利息按合同约定的利率标准计算至判决确定的给付之日止）。②BG 公司于判决生效之日起五日内给付工行 LS 支行因该案产生的律师代理费 11 万元。③LB 公司、JYD 公司、MH 公司、HJ 公司、YZY 公司、YRD 公司及黄某某对 BG 公司的上述第①②项给付义务承担连带清偿责任；其中对第一项给付义务，由 JYD 公司、MH 公司、LB 公司、HJ 公司在 3 100 万元限额内承担连带清偿责任，由 YZY 公司在 600 万元限额内承担连带清偿责任，由 YRD 公司在 2 000 万元限额内承担连带清偿责任，由黄某某在 600 万元范围内承担连带清偿责任。④如 BG 公司未在判决确定的期限内履行上述第①②项给付义务，工行 LS 支行以 KS 公司提供的房产折价或者以拍卖、变卖该房产所得的价款优先受偿；不足部分由 KS 公司承担连带清偿责任。⑤LB 公司、JYD 公司、MH 公司、HJ 公司、YZY 公司、YRD 公司、KS 公司及黄某某承担连带清偿责任后，有权向 BG 公司追偿。如果未按判决指定的期间履行金钱给付义务，应当依照《中华人民共和国民事诉讼法》第二百五十三条之规定，加倍支付迟延履行期间的债务利息。案件受理费 32 573 元，保全费 5 000 元，合计 37 573 元，由 BG 公司、LB 公司、JYD 公司、HJ 公司、MH 公司、YZY 公司、KS 公司、YRD 公司及黄某某共同负担。

KS 公司不服一审判决，向安徽省高级人民法院上诉称：①工行 LS 支行与 BG 公司于 2012 年 4 月 20 日所签借款合同为无效合同；②KS 公司不应对 BG 公司于 2012 年 4 月 20 日向工行 LS 支行的借款承担抵押担保责任。安徽省高级人民法院做出（2014）皖民二终字第 00395 号判决：驳回上诉，维持原判。

【争议问题】

1. 工行 LS 支行作为债权人与 LB 公司、BG 公司、HJ 公司、JYD 公司、MH 公司作为保证人签订《最高额联保合同》，工行 LS 支行与 BG 公司签订《小企业借款合同》，工行 LS 支行与 KS 公司签订《最高额抵押合同》，KS 公司与工行 LS 支行签订《补充协议》是否有效？

2. LB 公司、JYD 公司、MH 公司、HJ 公司、YZY 公司、YRD 公司是否对 BG 公司的债务承担连带清偿责任？

3. 工行 LS 支行能否以 KS 公司的抵押房产优先受偿案涉借款合同项下的债权？

【理论知识】

商事合同的订立是指商事合同当事人（缔约的商事主体）之间关于合同内容进行协商并达成一致的过程。合同订立包含合同主体、合同形式、订约方式、合同内容、合同成立时间等要素。

合同主体，又称合同当事人，是指依法签订合同并在合同条件下履行约定的义务和行使约定的权利的自然人、法人和其他组织。商事合同的主体，是指依法订立商事合同的商主体（包括公司、合伙企业、个人独资企业等），是权利的享有者和义务的承担者。

合同形式，是当事人合意的外在表现形式，是合同内容的载体。《民法典》第四百六十九条规定："当事人订立合同，可以采用书面形式、口头形式或者其他形式。"

书面形式是当事人通过文字方式表达合意的合同形式。书面形式将合同内容在特定载体上记载，有利于合同主体权利义务的确定。合同书、信件、电报、电传、传真等可以有形地表现所载内容的形式都是书面形式，以电子数据交换、电子邮件等方式能够有形地表现所载内容，并可以随时调取查用的数据电文，也视为书面形式。

口头形式是指当事人通过语言形式达成合意的合同形式。口头形式较为便捷，有利于权利义务的及时履行，不足之处是一旦发生纠纷，举证难度较大。

一、合同订立的方式

合同订立过程是当事人意思表示达成一致的过程。《民法典》第四百七十一条规定："当事人订立合同，可以采取要约、承诺方式或者其他方式。"

（一）要约

1. 要约的概念、构成要件

要约是希望与他人订立合同的意思表示。该意思表示应当符合下列条件：一是要约是特定人发出的；二是要约内容要具体且确定；三是表明经受要约人承诺，要约人即受该意思表示约束。

2. 要约与要约邀请

要约邀请，是向他人发出的、希望他人向自己发出要约的意思表示。要约邀请是订立合同的预备行为，不因相对人接受而产生法律约束力。《民法典》第四百七十三条规定："要约邀请是希望他人向自己发出要约的表示。拍卖公告、招标公告、招股说明书、债券募集办法、基金招募说明书、商业广告和宣传、寄送的价目表等为要约邀请。商业广告和宣传的内容符合要约条件的，构成要约。"

3. 要约的生效

要约生效的时间，按以下规定执行：以对话方式做出的意思表示，相对人知道其内容时生效；以非对话方式做出的意思表示，到达相对人时生效。以非对话方式做出的采用数据电文形式的意思表示，相对人指定特定系统接收数据电文的，该数据电文进入该特定系统时生效；未指定特定系统的，相对人知道或者应当知道该数据电文进入其系统时生效。当事人对采用数据电文形式的意思表示的生效时间另有约定的，按照其约定。

4. 要约的撤回、撤销

要约可以撤回，但撤回要约的通知应当在要约到达受要约人之前或者与要约同时达到受要约人。如果要约已经达到受要约人即不可撤回只能撤销，撤销要约的意思表述应当在受要约人发出承诺通知之前达到受要约人或在受要约人做出承诺之前为受要约人所知道。但以下情形要约不可撤销：一是要约人以确定承诺期限或者其他形式明示要约不可撤销；二是受要约人有理由认为要约是不可撤销的，并已经为履行合同做了合理准备工作。

5. 要约的失效

有下列情形之一的，要约失效：①要约被拒绝；②要约被依法撤销；③承诺期限届满，受要约人未做出承诺；④受要约人对要约的内容做出实质性变更。

（二）承诺

1. 承诺的概念、构成要件

承诺是受要约人同意要约的意思表示。承诺应当以通知的方式做出，但是，根据交易习惯或者要约表明可以通过行为做出承诺的除外。承诺的要件包括以下三个：一是承诺由受要约人做出。二是承诺应当在要约确定的期限内到达要约人。要约没有确定承诺期限的又可分为以下两种情形：其一是要约以对话方式做出的，应当即时做出承诺；其二是要约以非对话方式做出的，承诺应当在合理期限内到达。三是承诺是对要约内容表示同意的意思表示，不得对要约内容做出实质性变更，即承诺的内容应当与要约的内容一致。受要约人对要约的内容做出实质性变更的，为新要约。有关合同标的、数量、质量、价款或者报酬、履行期限、履行地点和方式、违约责任和解决争议方法等的变更，是对要约内容的实质性变更。

2. 承诺的生效

承诺到达要约人时生效，到达的判断标准与要约达到的判断标准相同。

3. 承诺的撤回

承诺可以撤回，但撤回承诺意思表示的通知应当在意思表示到达相对人前或者与意思表示同时到达相对人。

（三）合同成立的时间、地点

承诺生效时合同成立，但是法律另有规定或者当事人另有约定的除外。

承诺生效的地点为合同成立的地点。采用数据电文形式订立合同的，收件人的主营业地为合同成立的地点；没有主营业地的，其住所地为合同成立的地点。当事人另有约定的，按照其约定。

二、合同的内容

合同订立的必要条款，是指合同成立所应当具备的条款。《中华人民共和国民法典》第四百七十条规定："合同的内容由当事人约定，一般包括下列条款：（一）当事人的姓名或者名称和住所；（二）标的；（三）数量；（四）质量；（五）价款或者报酬；（六）履行期限、地点和方式；（七）违约责任；（八）解决争议的方法。"

【关联法条】

《中华人民共和国物权法》（已失效）

第二百零三条　为担保债务的履行，债务人或者第三人对一定期间内将要连续发生的债权提供担保财产的，债务人不履行到期债务或者发生当事人约定的实现抵押权的情形，抵押权人有权在最高债权额限度内就该担保财产优先受偿。

最高额抵押权设立前已经存在的债权，经当事人同意，可以转入最高额抵押担保的债权范围。

第二百零五条　最高额抵押担保的债权确定前，抵押权人与抵押人可以通过协议变更债权确定的期间、债权范围以及最高债权额，但变更的内容不得对其他抵押权人产生不利影响。

《中华人民共和国民法典》（现行法条）

第一百三十七条　以对话方式做出的意思表示，相对人知道其内容时生效。

以非对话方式做出的意思表示，到达相对人时生效。以非对话方式做出的采用数据电文形式的意思表示，相对人指定特定系统接收数据电文的，该数据电文进入该特定系统时生效；未指定特定系统的，相对人知道或者应当知道该数据电文进入其系统时生效。当事人对采用数据电文形式的意思表示的生效时间另有约定的，按照其约定。

第四百二十条　为担保债务的履行，债务人或者第三人对一定期间内将要连续发生的债权提供担保财产的，债务人不履行到期债务或者发生当事人约定的实现抵押权的情形，抵押权人有权在最高债权额限度内就该担保财产优先受偿。

最高额抵押权设立前已经存在的债权，经当事人同意，可以转入最高额抵押担保的债权范围。

第四百二十二条　最高额抵押担保的债权确定前，抵押权人与抵押人可以通过协议变更债权确定的期间、债权范围以及最高债权额。但是，变更的内容不得对其他抵押权人产生不利影响。

第四百六十四条　合同是民事主体之间设立、变更、终止民事法律关系的协议。

第四百七十条　合同的内容由当事人约定，一般包括下列条款：

（一）当事人的姓名或者名称和住所；

（二）标的；

（三）数量；

（四）质量；

（五）价款或者报酬；

（六）履行期限、地点和方式；

（七）违约责任；

（八）解决争议的方法。

当事人可以参照各类合同的示范文本订立合同。

第四百七十一条　当事人订立合同，可以采取要约、承诺方式或者其他方式。

第四百七十二条　要约是希望与他人订立合同的意思表示，该意思表示应当符合下列条件：

（一）内容具体确定；

（二）表明经受要约人承诺，要约人即受该意思表示约束。

第四百七十三条　要约邀请是希望他人向自己发出要约的表示。拍卖公告、招标公告、招股说明书、债券募集办法、基金招募说明书、商业广告和宣传、寄送的价目表等为要约邀请。

商业广告和宣传的内容符合要约条件的，构成要约。

第四百七十四条　要约生效的时间适用本法第一百三十七条的规定。

第五百零二条　依法成立的合同，自成立时生效，但是法律另有规定或者当事人另有约定的除外。

依照法律、行政法规的规定，合同应当办理批准等手续的，依照其规定。未办理批准等手续影响合同生效的，不影响合同中履行报批等义务条款以及相关条款的效力。应当办理申请批准等手续的当事人未履行义务的，对方可以请求其承担违反该义务的责任。

依照法律、行政法规的规定，合同的变更、转让、解除等情形应当办理批准等手续的，适用前款规定。

【案例评析】

安徽省高级人民法院认为：本案中，工行 LS 支行和 KS 公司仅是通过另行达成补充协议的方式，将上述最高额抵押权设立前已经存在的债权转入该最高额抵押权所担保的债权范围内，转入的涉案债权数额仍在该最高额抵押担保的 4 000 万元最高债权额限度内，该转入的确定债权并非最高抵押权设立登记的他项权利证书及房屋登记簿的必要记载事项，在不会对其他抵押权人产生不利影响的前提下，对于该意思自治行为，应当予以尊重。此外，根据商事交易规则，法无禁止即可为，即在法律规定不明确时，不应强加给市场交易主体遵守严格交易规则的义务。

【案例启示】

合同是合作各方合意的载体，合同订立过程关系到合同效力，与后续合同履行、违约责任等有密切关联，应着重考量合同内容，关注合同条款对合意的表达。

第三节　合同的履行

【案例介绍】

一、基本案情

SD 建设工程集团有限公司（以下简称"SD 公司"）、DD 网络科技股份有限公司

（以下简称"DD 网络公司"）、SC 实业投资有限公司（以下简称"SC 公司"）为 YCD 科技投资有限公司（以下简称"YCD 公司"）股东。

2017 年 7 月 14 日，BGY 房地产开发有限公司（以下简称"BGY 公司"）与 SD 公司、SC 公司、DD 网络公司、YCD 公司签订《海南文昌海之贝岛项目合作开发合同书》（以下简称《合作合同》），该《合作合同》做出以下约定：①SD 公司、SC 公司、DD 网络公司各自向 BGY 公司转让其持有 YCD 公司的 20% 股权。②YCD 公司负责委托施工单位开展填海造地工程及项目土地五通一平配套设施建设，达到竣工验收标准。BGY 公司有权派员对填海造地工程实施进行监管，SD 公司、SC 公司、DD 网络公司应当配合 BGY 公司对工程质量的监管，按照 BGY 公司要求向工程监理单位、施工单位发送往来函件、签证等文件，SD 公司、SC 公司、DD 网络公司不配合导致的一切损失均由 SD 公司、SC 公司、DD 网络公司承担。③SD 公司、SC 公司、DD 网络公司将其持有的 YCD 公司股权向 BGY 公司质押。④在 YCD 公司项目融资不足情况下，由 BGY 公司向其提供股东借款。合同还约定了违约责任。

合同签订后，SD 公司、SC 公司、DD 网络公司依照《合作合同》的约定，向 BGY 公司移交了 YCD 公司的公章、营业执照、部分财务资料、海域使用权相关资料等。将各自持有 YCD 公司 20% 的股权转让给 BGY 公司，并办理了工商变更登记手续，完成变更登记后持有 YCD 公司的股权质押给 BGY 公司作为履行《合作合同》的担保，并均办理了股权出质登记手续。BGY 公司向 SD 公司、SC 公司、DD 网络公司支付了股权转让款。

案涉项目经招投标由 HJ 建设（集团）有限公司（以下简称"HJ 建设公司"）承建，2018 年 4 月 2 日，YCD 公司向 HJ 建设公司发出《关于立即停止海南文昌市铺前新埠海人工岛填海工程告知函》，并抄送 BGY 公司、SD 公司、SC 公司、DD 网络公司，要求 HJ 建设公司立即停止施工，理由主要有：①因项目违规施工导致 YCD 公司受到行政处罚，在招投标手续尚未完善前施工构成违法；②施工行为存在重大安全隐患；③未按图纸坐标进行填海，致使出现超填。

同年 4 月 8 日，YCD 公司向 BGY 公司、SD 公司、SC 公司、DD 网络公司发出《关于停止海南文昌市铺前新埠海人工岛项目填海工程事宜告知函》，称随着国家对环境保护的不断加强，海南省对于填海项目开发的相对管理政策越来越严格，海南文昌市铺前镇新埠海人工岛项目存在极大的政策不可控风险，会严重影响股东预期收益，应谨慎推进该项目相关工作，并提请各位股东就后续项目的推进方案召开股东会进行研究。

同年 4 月 11 日，HJ 建设公司向 YCD 公司发出《关于停止施工告知函的回函》，认为招投标手续尚未完善是 YCD 公司内部管理造成的，要求 YCD 公司继续完善招标手续，如继续不配合招标手续届时出现任何责任将由 YCD 公司承担。同日，DD 网络公司向 BGY 公司发出《关于停止施工事宜的函》，称 BGY 公司以 YCD 公司名义向 HJ 建设公司发函违反合同约定，并称因 BGY 公司内部原因未能完善招投标手续，如继续不配合完善招投标手续造成任何责任将由 BGY 公司全部承担。同日，海南省海洋与渔业厅做出琼海执处罚〔2017〕007 号行政处罚决定书，以 YCD 公司在"海洋环境影响评估报告书未经海洋行政主管部门审查批准的情况于 2016 年 1 月 1 日至 2017 年 9 月 29 日擅自在已经取得的海域使用权范围内施工建设铺前新埠海人工岛围填海项目"为由，对 YCD 公司处以责令停工及罚款 789.78 万元的行政处罚。

同年 5 月 23 日，文昌市海洋与渔业局做出文海执处罚〔2017〕018 号行政处罚决定书，以 YCD 公司在"未经批准超出审批区域施工"为由，对 YCD 公司处以责令退还非法占用的海域，恢复海域原状及罚款 999.621 万元的行政处罚。

同年 8 月 18 日，YCD 公司，以其未能就项目进行整改涉及施工质量和施工安全为由，通知 HJ 建设公司停止施工活动。

案例来源：（2020）最高法民终 917 号。

二、诉讼过程

BGY 公司于 2019 年 3 月 28 日向海南省高级人民法院起诉主张：①解除 BGY 公司与 SD 公司、SC 公司、DD 网络公司、YCD 公司于 2017 年 7 月 14 日签订的《合作合同》；②SD 公司、SC 公司、DD 网络公司分别返还 BGY 公司支付的股权转让款及办理工商变更登记应付税费；③SD 公司、SC 公司、DD 网络公司及 YCD 公司共同返还 BGY 公司已支付的股东借款及借款利息；④SD 公司、SC 公司、DD 网络公司赔偿 BGY 公司支付的 15 090.9 万元股权转让款的资金投入损失。

海南省高级人民法院做出（2019）琼民初 44 号民事判决，认为 BGY 公司提供的证据并不能证明案涉填海工程存在重大质量瑕疵；SD 公司、SC 公司、DD 网络公司履行了监理的合同义务，且该义务并非合同主要义务，即便未履行也并非解除合同的事由；《合作合同》的根本目的可以实现。BGY 公司请求解除《合作合同》的诉请，没有事实和法律依据，不予支持，至于 BGY 公司返还股权转让款、支付违约金等其他诉请，均以合同解除为前提，因案涉合同未能解除，故对于 BGY 公司的其他诉讼请求，亦不予支持。驳回 BGY 公司的诉讼请求。BGY 公司提出上诉。

最高人民法院做出（2020）最高法民终 917 号民事判决书，认定 BGY 公司主张因 SD 公司、SC 公司、DD 网络公司迟延履行合同义务致使不能实现合同目的，其依照《中华人民共和国合同法》第九十四条第四项（现《民法典》第五百六十三条）的规定有权解除合同的理由不能成立。驳回上诉，维持原判。

【争议问题】

1. 各方当事人是否已履行案涉《合作合同》约定的义务？
2. 案涉《合作合同》是否应予解除？

【理论知识】

一、合同履行概述

合同履行是指合同生效后，承担合同义务的合同当事人按照合同约定履行合同中的义务以实现权利人利益，满足合同订立期望的行为。

首先，合同履行以合同生效为前提，只有生效合同才能对当事人产生履行合同的法律约束力。因此，订立阶段的合同、无效合同等都不产生合同履行的约束力。

其次，合同履行应贯彻全面履行原则、实际履行原则和诚实信用原则。全面履行原则要求合同当事人严格按照合同约定的内容全面履行合同义务，不得部分履行；实际履行原则要求合同当事人严格按照合同约定的内容履行合同，不得随意采用其他方式替代；诚实信用原则要求合同当事人在合同履行过程中应当根据合同的性质、履行目的等履行通知、协助等义务。

二、合同履行规则

（一）合同约定不明时的履行规则

实践中，订立合同时，合同标的质量、数量、价款等约定不明确情形时有发生，出现合同约定不明确时，按以下规则处理：

（1）《民法典》第五百一十条规定，合同生效后，当事人就质量、价款或者报酬、履行地点等内容没有约定或者约定不明确的，可以协议补充；不能达成补充协议的，按照合同相关条款或者交易习惯确定。

（2）当事人就有关合同内容约定不明确，依据《民法典》第五百一十条规定仍不能确定的，适用下列规定：

①质量要求不明确的，按照强制性国家标准履行；没有强制性国家标准的，按照推荐性国家标准履行；没有推荐性国家标准的，按照行业标准履行；没有国家标准、行业标准的，按照通常标准或者符合合同目的的特定标准履行。

②价款或者报酬不明确的，按照订立合同时履行地的市场价格履行；依法应当执行政府定价或者政府指导价的，依照规定履行。

③履行地点不明确，给付货币的，在接受货币一方所在地履行；交付不动产的，在不动产所在地履行；其他标的，在履行义务一方所在地履行。

④履行期限不明确的，债务人可以随时履行，债权人也可以随时请求履行，但是应当给对方必要的准备时间。

⑤履行方式不明确的，按照有利于实现合同目的的方式履行。

⑥履行费用的负担不明确的，由履行义务一方负担；因债权人原因增加的履行费用，由债权人负担。

（二）合同履行抗辩权

合同履行抗辩权是指在双务合同中，符合法定条件时，当事人一方可以对抗对方当事人的履行请求权而暂时拒绝履行其义务的权利。合同履行抗辩权包括同时履行抗辩权、后履行抗辩权和不安抗辩权。

1. 同时履行抗辩权

《民法典》第五百二十五条规定，当事人互负债务，没有先后履行顺序的，应当同时履行。一方在对方履行之前有权拒绝其履行要求。一方在对方履行债务不符合约定时，有权拒绝其相应的履行要求。

同时履行抗辩权的适用有以下要求：①合同未约定先后履行顺序，应当同时履行；②一方当事人未履行合同义务或履行不符合合同约定即要求对方履行合同。

2. 先履行抗辩权

《民法典》第五百二十六条规定，当事人互负债务，有先后履行顺序，应当先履行债务一方未履行的，后履行一方有权拒绝其履行请求。先履行一方履行债务不符合约定的，后履行一方有权拒绝其相应的履行请求。

先履行抗辩权的适用有以下要求：①合同约定了先后履行顺序；②应当先履行合同义务的一方未履行或履行不符合合同约定而要求对方履行合同。

3. 不安抗辩权

不安抗辩权，是指在双务合同中有先履行义务的一方当事人，在有确切证据证明对方当事人有丧失或者可能丧失履行能力因而不能履行合同义务时，享有的暂时中止履行的抗辩权。

《民法典》第五百二十七条规定，应当先履行债务的当事人，有确切证据证明对方有下列情况之一的，可以中止履行：经营状况严重恶化；转移财产、抽逃资金，以逃避债务；丧失商业信誉；有丧失或者可能丧失履行债务能力的其他情形。当事人没有确切证据中止履行的，应当承担违约责任。

同时，当事人依照《民法典》第五百二十七条规定中止履行的，应当及时通知对方。对方提供适当担保时，应当恢复履行。中止履行后，对方在合理期限内未恢复履行能力且未提供适当担保的，视为以自己的行为表明不履行主要债务，中止履行的一方可以解除合同并可以请求对方承担违约责任。

不安抗辩权的适用，应当具备以下条件：①双方当事人因同一双务合同互负债务且有先后履行顺序；②须在合同成立后对方发生财产状况恶化且有难为给付的可能。

【关联法条】

《中华人民共和国合同法》（已废止）

第六十条　当事人应当按照约定全面履行自己的义务。

当事人应当遵循诚实信用原则，根据合同的性质、目的和交易习惯履行通知、协助、保密等义务。

第九十四条　有下列情形之一的，当事人可以解除合同：

（一）因不可抗力致使不能实现合同目的；

（二）在履行期限届满之前，当事人一方明确表示或者以自己的行为表明不履行主要债务；

（三）当事人一方迟延履行主要债务，经催告后在合理期限内仍未履行；

（四）当事人一方迟延履行债务或者有其他违约行为致使不能实现合同目的；

（五）法律规定的其他情形。

《中华人民共和国民法典》（现行法律）

第五百零九条　当事人应当按照约定全面履行自己的义务。

当事人应当遵循诚信原则，根据合同的性质、目的和交易习惯履行通知、协助、保密等义务。

当事人在履行合同过程中，应当避免浪费资源、污染环境和破坏生态。

第五百六十三条　有下列情形之一的，当事人可以解除合同：

（一）因不可抗力致使不能实现合同目的；

（二）在履行期限届满前，当事人一方明确表示或者以自己的行为表明不履行主要债务；

（三）当事人一方迟延履行主要债务，经催告后在合理期限内仍未履行；

（四）当事人一方迟延履行债务或者有其他违约行为致使不能实现合同目的；

（五）法律规定的其他情形。

以持续履行的债务为内容的不定期合同，当事人可以随时解除合同，但是应当在合理期限之前通知对方。

第五百二十七条　应当先履行债务的当事人，有确切证据证明对方有下列情形之一的，可以中止履行：

（一）经营状况严重恶化；

（二）转移财产、抽逃资金，以逃避债务；

（三）丧失商业信誉；

（四）有丧失或者可能丧失履行债务能力的其他情形。

当事人没有确切证据中止履行的，应当承担违约责任。

第五百二十八条　当事人依据前条规定中止履行的，应当及时通知对方。对方提供适当担保的，应当恢复履行。中止履行后，对方在合理期限内未恢复履行能力且未提供适当担保的，视为以自己的行为表明不履行主要债务，中止履行的一方可以解除合同并可以请求对方承担违约责任。

【案例评析】

最高人民法院认为：涉案《合作合同》存在多方民事主体，涉及多个民事法律关系，包括股权转让、民间借贷、股东权益分配等内容，各方当事人签订《合作合同》的目标是共同对填海造地取得的地块进行房地产开发并取得相应收益，YCD 公司是填海造地项目具体开发者和施工合同的签订主体，SD 公司、SC 公司、DD 网络公司对施工过程的监管义务显然并非涉案合同的主要义务。BGY 公司主张 SD 公司、SC 公司、DD 网络公司不履行主要合同义务，其有权依照《合同法》第九十四条第三项（现《民法典》第五百六十三条）规定解除合同的理由不能成立。

【案例启示】

合同履行是合同当事人权利实现必然经历的阶段，合同当事人应当按照全面履行、实际履行和诚实信用等原则履行合同义务，否则将产生违约风险，从而需向未违约方承担违约责任。

第四节 违约责任

【案例介绍】

一、基本案情

LC 贸易有限公司（以下简称"LC 贸易公司"）因与 CJ 重工有限公司（以下简称"CJ 重工公司"）买卖合同纠纷向北京市丰台区人民法院提起民事诉讼，该院于 2016 年 8 月做出（2016）京 0106 民初 6385 号民事判决，判决 CJ 重工公司给付 LC 贸易公司货款 5 284 648.68 元及相应利息。CJ 重工公司对此判决提起上诉，在上诉期间，2016 年 10 月 11 日，甲方 CJ 重工公司与乙方 LC 贸易公司签订协议书，协议书约定：乙方承诺于 2016 年 10 月 14 日前向甲方支付人民币 300 万元，剩余的本金 2 284 648.68 元、利息 462 406.72 元及诉讼费 25 802 元（共计 2 772 857.4 元）于 2016 年 12 月 31 日前向甲方支付完毕。乙方未按照本协议约定的时间支付首期给付款 300 万元或未能在 2016 年 12 月 31 日前足额支付完毕本协议第三条确定的全部款项的，乙方应向甲方支付违约金 80 万元。即如果乙方未能在 2016 年 12 月 31 日前足额支付完毕本协议第三条确定的全部款项的，甲方可以自 2017 年 1 月 1 日起随时以（2016）京 0106 民初 6385 号民事判决为依据向人民法院申请强制执行，同时甲方有权向乙方追索本协议确定的违约金 80 万元。双方达成协议后 CJ 重工公司向二审法院申请撤回上诉并按约定于 2016 年 10 月 14 日给付 LC 贸易公司首期款项 300 万元，LC 贸易公司按协议约定申请解除了对 CJ 重工公司账户的冻结。后续 CJ 重工公司未按照协议书的约定支付剩余款项，2017 年 1 月 LC 贸易公司申请执行（2016）京 0106 民初 6385 号民事判决书所确定的债权。

案例来源：（2017）京 02 民终 8676 号。

二、诉讼过程

LC 贸易公司于 2017 年 6 月 13 日向北京市丰台区人民法院起诉称：2016 年 5 月 LC 贸易公司因与被告买卖合同纠纷向北京市丰台法院提起民事诉讼，北京市丰台法院于 2016 年 8 月做出（2016）京 0106 民初 6385 号民事判决，CJ 重工公司不服提起上诉，在上诉期间与 LC 贸易公司达成《协议书》，约定被告于 2016 年 12 月 31 日前将判决确定的货款和利息全部支付完毕，并约定如被告未按期支付完毕全部款项，应支付给 LC 贸易公司违约金 80 万元。至 2016 年 12 月 31 日，CJ 重工公司未依约支付完毕全部款项，故诉至法院，请求判令 CJ 重工公司向 LC 贸易公司支付违约金 80 万元。

北京市丰台区人民法院于 2017 年 6 月 30 日做出（2017）京 0106 民初 15563 号民事判决，认为该协议为双方在诉讼期间缔约，如果恶意违约，丧失信用，则该违约金具有惩罚性。而 CJ 重工公司再次失信，未按期足额履行合同义务，故对 LC 贸易公司要求 CJ 重工公司按照协议书的约定支付违约金 80 万元的诉讼请求。CJ 重工公司提出上诉。

北京市第二中级人民法院于 2017 年 10 月 31 日做出（2017）京 02 民终 8676 号民事判决认为我国合同法领域，以损失弥补为标准，区分了补偿性违约金与惩罚性违约金，前者系以损失填补为目的，后者除了填补损失外亦具有惩罚违约方之违约行为功能，本案中双方所约定的 80 万元违约金除填补损失外亦具有惩罚作用，故驳回上诉维持原判。

【争议问题】

1. 涉案的 80 万元违约金性质之认定，应为惩罚性违约金还是补偿性违约金？
2. 违约金酌减的考量因素有哪些？

【理论知识】

违约责任是违反合同的民事责任，指合同当事人因不履行合同约定的义务或者履行合同约定的义务不符合约定而应承担的民事责任。

一、违约行为

违约行为，是指当事人一方不履行合同义务或履行合同义务不符合约定条件的行为。根据不同标准可以对违约行为进行分类。

（一）单方违约和双方违约

根据违约主体不同，违约行为分为单方违约和双方违约。单方违约是只有一方当事人违约，双方违约则是双方当事人都违反合同约定。

（二）预期违约和实际违约

根据违约行为发生时间的不同，违约行为分为预期违约和实际违约。预期违约是指合同履行期限未满，一方当事人明确表示或以自己的行为表示履行期到来后将不履行合同义务的情形。《民法典》第五百七十八条规定了预期违约，当事人一方明确表示或者以自己的行为表明不履行合同义务的，对方可以在履行期限届满前请求其承担违约责任。实际违约是指合同履行期届满，当事人不履行或不完全履行合同义务的情形。根据违约的具体形态，实际违约包括拒绝履行、迟延履行、部分履行、不适当履行等。

（三）根本违约和非根本违约

根据违约行为对合同目的影响的不同，违约行为分为根本违约和非根本违约。根本违约指的是违约行为导致合同目的无法实现，这是区分根本违约与非根本违约的关键。如果一方当事人构成根本违约，另一方当事人可以行使单方解除权请求解除合同并要求对方承担违约责任；如果是非根本违约，一般不支持解除合同，而是通过继续履行、承担违约金责任等途径补救。

二、违约责任的承担方式

《民法典》规定，违约责任的承担方式包括继续履行、采取补救措施、赔偿损失、支付违约金、定金责任等。

（一）继续履行

继续履行是一方当事人不履行非金钱债务或履行金钱债务不符合合同约定时，另一方当事人有权要求其继续履行合同债务的责任形式。继续履行作为违约责任的承担方式，与合同履行期内的实际履行不同，后者为合同的正常履行，当事人履行合同是受合同拘束力而为，而前者是法律前置违约方的一种履行行为，具有强制力。

《民法典》第五百八十条规定，当事人一方不履行非金钱债务或者履行非金钱债务不符合约定的，对方可以请求履行，但是有下列情形之一的除外：①法律上或者事实上不能履行；②债务的标的不适于强制履行或者履行费用过高；③债权人在合理期限内未请求履行。

实践中，继续履行一般在金钱债务中较多适用，违约方在承担继续履行责任后，如对方还有其他损失的，应当赔偿损失。

（二）采取补救措施

《民法典》第五百八十二条规定，履行不符合约定的，应当按照当事人的约定承担违约责任。对违约责任没有约定或者约定不明确，依据本法第五百一十条的规定仍不能确定的，受损害方根据标的的性质以及损失的大小，可以合理选择请求对方承担修理、重作、更换、退货、减少价款或者报酬等违约责任。这是对违约责任采取补救措施方式予以承担的规定。同样，采取补救措施后，对方还有其他损失的，违约方应当赔偿损失。

（三）赔偿损失

赔偿损失是指违约方赔偿因其违约行为而给守约方造成的财产或利益损失。应当注意，这里的损失既包括直接损失又包括间接损失。直接损失又称积极损失，是现有财产的不当减少；间接损失又称为消极损失，是应得利益因违约行为而没有得到。

司法实践中，赔偿损失的范围常常成为争议焦点。通常，应该综合采用合理预见规则、减轻损失规则、损益相抵规则、过失相抵规则予以确定损失范围。

（四）支付违约金

违约金是根据法律规定或者当事人约定，违约方向守约方支付的一定数额的金钱。

1. 违约金的适用

违约金一般由合同签订主体在合同中约定，在出现合同约定的违约情形时适用。《民法典》第五百八十五条规定，当事人可以约定一方违约时应当根据违约情况向对方支付一定数额的违约金，也可以约定因违约产生的损失赔偿额的计算方法。

2. 违约金的调整

我国民法规定的违约金更多具有补偿性质，主要用于补偿非违约方因违约方违约行为造成的损失，因此，违约金的金额以违约行为造成的损失作为参考，当两者存在差异时，法律允许调整。《民法典》第五百八十五条规定，约定的违约金低于造成的损失的，人民法院或者仲裁机构可以根据当事人的请求予以增加；约定的违约金过分高于造成的损失的，人民法院或者仲裁机构可以根据当事人的请求予以适当减少。

（五）定金责任

定金是为了担保债务的履行，一方按照合同约定向另一方支付一定数额的金钱，一旦发生违约行为，适用定金罚则承担相应责任。

关于定金的数额，《民法典》第五百八十六条规定，当事人可以约定一方向对方给付定金作为债权的担保。定金合同自实际交付定金时成立。定金的数额由当事人约定；但是，不得超过主合同标的额的百分之二十，超过部分不产生定金的效力。实际交付的定金数额多于或者少于约定数额的，视为变更约定的定金数额。

关于定金责任如何承担，《民法典》第五百八十七条规定，债务人履行债务的，定金应当抵作价款或者收回。给付定金的一方不履行债务或者履行债务不符合约定，致使不能实现合同目的的，无权请求返还定金；收受定金的一方不履行债务或者履行债务不符合约定，致使不能实现合同目的的，应当双倍返还定金。

司法实践中，应当注意，定金与违约金不能同时适用，当事人既约定违约金，又约定定金的，一方违约时，对方可以选择适用违约金或者定金条款，即只能择其一而用之。当然，若定金不足以弥补一方违约造成的损失的，对方可以请求赔偿超过定金数额的损失。

【关联法条】

《中华人民共和国合同法》（已废止）

第六条　当事人行使权利、履行义务应当遵循诚实信用原则。

第一百一十四条　当事人可以约定一方违约时应当根据违约情况向对方支付一定数额的违约金，也可以约定因违约产生的损失赔偿额的计算方法。

约定的违约金低于造成的损失的，当事人可以请求人民法院或者仲裁机构予以增加；约定的违约金过分高于造成的损失的，当事人可以请求人民法院或者仲裁机构予以适当减少。

当事人就迟延履行约定违约金的，违约方支付违约金后，还应当履行债务。

《中华人民共和国民法典》（现行法律）

第七条　民事主体从事民事活动，应当遵循诚信原则，秉持诚实，恪守承诺。

第八百二十九条　在承运人将货物交付收货人之前，托运人可以要求承运人中止运输、返还货物、变更到达地或者将货物交给其他收货人，但是应当赔偿承运人因此受到的损失。

【案例评析】

合同签订后，各方当事人应当按照约定履行合同义务，若未按约履行，应当承担合同约定的违约责任。本案中，双方经合意达成了和解协议，并就违约责任进行了约定，应当履行违约责任。

最高人民法院认为：当事人双方就债务清偿达成和解协议，约定解除财产保全措施及违约责任。一方当事人依约申请人民法院解除了保全措施后，另一方当事人违反诚实信用原则不履行和解协议，并在和解协议违约金诉讼中请求减少违约金的，人民法院不予支持。

【案例启示】

引起违约责任的原因在于合同当事人未按法律规定或合同约定履行合同义务即出现违约行为，如何承担违约责任主要依据合同关于违约责任承担方式的约定来判断。实践中，合同签订时要尽量对违约责任相关问题进行具体、明确的约定，以更好督促合同各方当事人按约履行合同，也能在出现违约情形时更好保障自身合法权益。

第一节　票据付款请求权

【案例介绍】

一、基本案情

LC 公司在票据民间贴现中介网站"同城票据网"上向 MHL 公司购买了三张电子商业承兑汇票，三张汇票均载明"可再转让"，出票人、承兑人均为 XJ 公司，收款人均为 XJ 园林公司。其中，票号尾号 4533 的承兑汇票金额为 50 万元，出票日期为 2019 年 11 月 5 日，汇票到期日为 2020 年 5 月 4 日，背书栏显示 XJ 公司背书转让给 CH 公司，CH 公司背书转让给 MHL 公司，MHL 公司背书转让给 LC 公司，LC 公司于 2020 年 4 月 27 日、2020 年 10 月 10 日、2021 年 6 月 16 日提示付款被拒；票号尾号 9941 的承兑汇票金额为 20 万元，出票日期为 2020 年 2 月 17 日，汇票到期日为 2020 年 10 月 16 日，背书栏显示同 4533 号汇票，LC 公司于 2020 年 10 月 10 日、2021 年 6 月 16 日提示付款被拒；票号尾号 2901 的承兑汇票金额为 20 万元，出票日期为 2020 年 2 月 18 日，汇票到期日为 2020 年 10 月 17 日，背书栏显示同 4533 号汇票，LC 公司同 9941 号汇票情况提示付款被拒。MHL 公司因非法经营票据贴现业务涉嫌犯罪被移送公安机关侦查。XJ 公司在 2022 年 1 月、2 月向 LC 公司支付了部分款项，其余未付。

案例来源：贵州省高级人民法院公众号，2023 年 4 月 12 日发布的"贵州高院商事审判十大典型案例"。

二、裁判结果

遵义中院生效裁判认为：LC 公司通过同城票据网向 MHL 公司购买取得案涉三张电子商业承兑汇票，因 LC 公司经营范围不包含票据贴现业务，其购买票据的真实目的系为赚取票面金额与购买金额的价差，实质属于票据民间贴现行为，有损国家金融管理秩序，有损社会公共利益，其取得票据的行为无效，不能基于票据行使票据权利。LC 公司主张其前手 MHL 公司涉嫌经济犯罪，尚不能明确该公司是否属于"合法持票人"，不能认定 LC 公司取得票据的行为无效。因合法持票人向不具有法定贴现资质的当事人进行"贴现"无效，举轻以明重，非法持票人向不具有法定贴现资质的当事人进行"贴现"也当然无效。无论 MHL 公司是否合法持有案涉票据，其持票身份均不影响对 LC 公司以民间贴现方式取得案涉票据行为性质、效力的认定。《中华人民共和国票据法》（以下简称《票据法》）第十条第一款规定，票据的签发、取得和转让，应当遵循诚实信用的原则，具有真实的交易关系和债权债务关系。LC 公司虽支付对价购买取得案涉汇票，但其并不具有前述法律规定的"真实的交易关系和债权债务关系"，LC 公司不属于案涉票据的合法持票人，不能基于票据享有票据权利。XJ 公司向 LC 公司部分付款的行为，属其对自身权利的处分，非 LC 公司行使票据权利的后果。MHL 公司的持票人身份并不影响对 LC 公司取得票据行为性质、效力的认定，无须以 MHL 公司相关刑事案件处理结果为依据，无必要追加 MHL 公司参加诉讼。故判决驳回 LC 公司要求 XJ 公司支付票据款项及利息的诉请。

【争议问题】

票据法上的"合法持票人"应如何认定？

【理论知识】

一、票据

（一）票据的概念与特征

"票据"一词，可以从广义和狭义两个角度理解。广义的票据相当于有价证券，指一切体现商事权利或具有财产价值的书面凭证。按照广义的理解，发票、提货单、股票、汇票、本票、支票等都属于"票据"。狭义的票据在范围上要比广义的票据窄，通常是指票据法所规定的汇票、本票和支票。本书所称票据，采用狭义角度理解。

票据作为一种有价证券，既具有有价证券的一般特征，也具有自身的独特特征。

1. 票据是一种完全有价证券

有价证券是指设定并证明一定财产权利的书面凭证。根据证券与权利是否可以发生分离，有价证券可分为不完全证券和完全证券。从这个角度理解，票据是一种完全有价证券，即票据权利的产生以作成票据为必要；票据权利的转让以交付票据为必要；票据权利的行使以提示票据为必要，票据权利与票据完全结合在一起，不可分离。

2. 票据是一种设权证券

根据证券作用的不同，证券可分为证权证券和设权证券。证权证券的作用是为了证明已经存在的权利，通常这种权利在证券作成前已经存在。而设权证券在作成前相关权利并不存在，票据权利产生于证券的作成。换言之，票据权利是在票据作成的同时产生的，没有票据，就没有票据上的权利。

3. 票据是无因证券

票据是无因证券，是指票据只要符合票据法上的条件，票据权利就成立，无须考虑票据行为发生的原因或基础。换言之，除非持票人符合《票据法》第十二条规定的"以欺诈、偷盗或者胁迫等手段取得票据的，或者明知有前列情形，出于恶意取得票据的，不得享有票据权利。持票人因重大过失取得不符合本法规定的票据，也不得享有票据权利"的情形，否则其不需要证明其所取得票据的原因或基础，只要根据票据上所记载的文义就可以请求对方给付一定的金额。

4. 票据是一种提示证券

票据是一种提示证券，是指票据权利的行使以占有票据为必要，票据持票人行使票据权利时，必须提示票据。例如，持票人向付款人请求承兑，就应当提示票据。

（二）票据的功能与种类

所谓票据的功能，是指票据在经济流通领域所发挥的作用或价值。通常，票据具有汇兑功能、流通功能和融资功能。

1. 汇兑功能

汇兑功能是票据最早具有也最常使用的功能，它能在很大程度上克服现金支付在空间上的障碍和防范现金支付存在的法律风险。例如，A 地的甲公司需要将一笔货款支付给 B 地的乙公司，如果采用现金支付将会非常麻烦而且风险较大，但如果采用票据，甲公司就无须携带大量现金前往 B 地，只需要将货款交给 A 地的银行，由银行制作成汇票，甲公司再将汇票交给乙公司，乙公司在 B 地银行就可以领取货款，非常便捷。在早期的贸易活动中，票据发挥了很大作用，当然，随着电子货币、网上银行等的出现，票据作为一种支付工具所发挥的汇兑功能的重要性已不如从前。但这仍是票据所发挥的最简单、最基本的支付功能的体现。

2. 流通功能

票据具有流通功能，经济贸易活动中，可用票据代替现金支付和流通，而且，相比传统的普通财产权利的流通显得更为便捷，可以快速实现资金周转的目的。

3. 融资功能

票据具有融资功能，本质上是由票据是一种有价证券的特征决定的，而票据的融资功能则是通过票据贴现来实现的。

关于票据的种类，由于各国立法例以及商事习惯的不同，对于票据的种类存在分开主义和合并主义两种做法。大多数国家采用日内瓦统一票据法的分开主义，如法国、德国和日本等国认为，汇票和本票属于信用证券，将二者称为票据并规定在票据法中；而支票不是票据，仅是单纯的支付证券，将其单独规定在支票法上。依分开主义，票据法从广义上理解，包括汇票、本票法（狭义票据法）和支票法两种。另一种是英美法系国家采用的合并主义，主要是英国和美国等国，它们将汇票、本票及支票统称为票据。

《票据法》第二条第二款规定，本法所称票据，是指汇票、本票和支票。因此，我国票据法上的票据分为三种：

（1）汇票，是指出票人签发的，委托付款人在见票时或者在指定日期无条件支付确定的金额给收款人或者持票人的票据。

（2）本票，是指出票人签发的，承诺自己在见票时无条件支付确定的金额给收款人或者持票人的票据。

（3）支票，是指出票人签发的，委托办理支票存款业务的银行或者其他金融机构在见票时无条件支付确定的金额给收款人或者持票人的票据。

（三）票据法

票据法，是指调整票据关系的法律规范的总称。票据法有广义和狭义之分，广义的票据法是指一切与票据有关的法律规范，狭义的票据法仅指票据的专门立法，通常是以"票据法"命名的单行法律，一般所说的票据法，主要是指狭义的票据法。

我国票据立法主要经历了旧中国和新中国票据立法两个时期，尤其是党的十一届三中全会以后，在改革开放政策的推动下，我国国民经济得到迅速发展，如何规范票据使用问题受到高度关注和重视。党的十四大提出确立社会主义市场经济体制的改革目标后，全国人大常委会提出了建立社会主义市场经济法律体系的基本框架，票据法被提到全国人大立法议事日程。1995 年 5 月 10 日，第八届全国人民代表大会常务委员会第十三次会议通过了《中华人民共和国票据法》，该法自 1996 年 1 月 1 日起施行。现行有效版本是经 2004 年 8 月 28 日第十届全国人民代表大会常务委员会第十一次会议修正的版本。

二、票据权利与票据抗辩

（一）票据权利的概念和种类

票据权利又称票据上的权利，是指持票人向票据债务人请求支付票据金额的权利。

票据权利包括付款请求权和追索权两种。付款请求权是指持票人向票据第一义务人或者关系人请求支付票据金额的权利，它是票据的第一次权利，所以又称为主要票据权利。追索权是指当票据到期得不到付款或者在到期日前得不到承兑或者发生其他法定原因（付款人或者承兑人死亡、逃匿，被法院宣告破产或者被行政部门责令终止业务活动）时，持票人向票据上的所有义务人请求支付票据金额、法定利息以及其他必要费用的权利，它是票据的第二次权利，也称为副票据权利、偿还请求权。

（二）票据权利的取得

票据是完全有价证券，票据与权利不可分离，谁持有票据，谁就享有票据权利。但为了贯彻公平的原则，《票据法》同时规定了一些例外的情况，对票据权利的取得做出以下限制：

一是以恶意或重大过失取得票据的，持票人不享有该票据权利。但在举证方面，采取举证责任倒置的做法，由票据义务人负责证明持票人的恶意或重大过失。二是没有对价或以不相当对价取得票据的，其票据权利不得优于其前手的权利。

（三）票据权利的行使与保全

票据权利的行使是指票据权利人请求票据义务人履行票据义务的行为，包括付款请求权、追索权、再追索权的行使等。票据权利的保全是票据权利人为防止票据权利的丧失而发生的行为，包括为保全追索权而依期提示和作成拒绝证明、中断时效等。票据权利的行使和保全两者往往互为同一，因此，票据法一般将二者一并进行规定。

票据权利的行使与保全的方式主要有：①遵期提示，即在《票据法》规定的期间向票据义务人出示票据，请求其履行付款义务；②请求作成拒绝付款书或拒绝承兑证书，即持票人为了证明自己曾经依法行使票据权利而遭拒绝或者根本无法行使票据权利，在《票据法》规定的时间内，可以请求作成拒绝付款书或拒绝承兑证书。

票据权利的行使与保全的地点正好与民法上的规定相反。民法规定债务履行的地点原则上为债权人的住所地，而票据的流通性和提示性决定了票据债权人应主动向票据债务人提示票据，请求履行票据债务，否则票据债务人也难确定最后持票人是谁。《票据法》第十六条规定，票据权利的行使或者保全应由债权人到债务人所在地进行。这里的"所在地"指的是票据债务人的营业场所，没有营业场所的则为其住所。票据权利的行使与保全的时间为债务人的营业时间。

（四）票据的抗辩

1. 票据抗辩的概念

票据抗辩是指票据权利人请求票据债务人清偿票据债务，债务人有合法理由拒绝履行的行为。票据债务人享有的这种权利称为票据抗辩权。

票据制度以维护票据流通和票据交易安全为目的，因而将票据权利作为其规范的主要内容，但是持票人的票据权利和票据债务人的抗辩权本身是一对相互对应的概念，完整的票据制度应同时包括二者。因此，票据抗辩权的规定，是公平保护票据债务人合法权益的需要。

2. 票据抗辩的种类

根据抗辩原因不同，票据抗辩一般可分为物的抗辩和人的抗辩两种。

（1）物的抗辩。

物的抗辩是指票据债务人基于票据关系本身可以对抗一切票据权利人的请求。它不因持票人的变更而受影响，所以也称绝对抗辩、客观抗辩。物的抗辩根据抗辩权人的范围不同又可以分为一切票据债务人可以对抗一切票据债权人的抗辩和特定票据债务人可以对抗一切票据债权人的抗辩。

一切票据债务人可以对抗一切票据债权人的抗辩，主要包括如下情形：①票据因为欠缺绝对应记载事项或者记载了不得记载的事项而无效；②不依票据的记载内容主张权利，如付款日期尚未届至，或者提示付款地与票据记载的付款地不符，或者不依票据记载金额主张权利，等等；③票据权利已经消灭，如票据债权已获清偿、被抵销、依法提存或者因除权判决而无效。

特定票据债务人可以对抗一切票据债权人的抗辩，主要包括以下情形：①欠缺票据行为能力的抗辩，如无行为能力人或者限制行为能力人在票据上签章的，监护人可以以其欠缺行为能力为由进行抗辩。②欠缺代理权的抗辩，如没有代理权或者超越代理权而以被代理人名义在票据上签章的，被代理人可以提出抗辩。③票据伪造或变造的抗辩。发生票据伪造时，被伪造人可以以未在票据上签章为由主张抗辩；发生票据变造时，在变造前签章的票据债务人只对变造前的记载事项负责，对变造后的事项可以提出抗辩。④欠缺保全手续的抗辩。票据权利人未依期提示和请求作成拒绝付款书或拒绝承兑证书，相应的票据债务人可以对此提出抗辩。⑤时效消灭的抗辩，《票据法》第十七条对不同的票据权利规定了不同的消灭时效，权利人未在时效期间内行使权利，相应的票据债务人有权提出抗辩。

（2）人的抗辩。

人的抗辩是指票据债务人基于票据关系人间的特定关系仅能对抗特定票据权利人的请求，也称相对抗辩、主观抗辩。人的抗辩根据抗辩权人的范围不同可以分为一切票据债务人可以对抗特定票据债权人的抗辩和特定票据债务人可以对抗特定票据债权人的抗辩。

一切票据债务人可以对抗特定票据债权人的抗辩，主要包括以下情形：①票据债权人欠缺受领能力的抗辩，如持票人为无民事行为能力人或者限制行为能力人、票据债权人被依法宣告破产等。②恶意或者重大过失的抗辩。根据《票据法》第十二条的规定，以欺诈、偷盗或者胁迫等手段取得票据的，或者明知有上述情况，出于恶意取得票据的，不得享有票据权利，票据债务人可以以此为由对抗持票人。

特定票据债务人可以对抗特定票据债权人的抗辩，主要发生于票据原因关系的当事人之间。票据虽然为无因证券，但是，如果原因关系的当事人与票据关系的当事人具有同一性，为了维护法律的公平和效率，应当允许票据债务人以原因关系中的事由对抗票据债权人。这些事由主要包括：①原因关系无效或者不成立的抗辩。票据的发行一般以一定的原因关系为基础，如果原因关系不复存在，尽管票据权利不受影响，也会影响票据授受的直接当事人之间权利义务的平衡，因此，当持票人和票据债务人为原因关系的当事人时，票据债务人可以以原因关系作为抗辩事由。②欠缺对价的抗辩。在票据授受的直接当事人之间，往往存在对价给付关系，如果持票人未能支付相应的对价就构成不当得利，票据债务人可以以此提出抗辩。③基于特约的抗辩。如果当事人之间在签发或者转让票据时有某种特别约定，持票人未履行该约定时，票据债务人可以提出抗辩。

3. 票据抗辩的限制

票据抗辩的限制是指票据债务人与出票人或持票人前手之间存在的抗辩事由，不能用于对抗持票人的票据权利。在票据抗辩中，由于物的抗辩是客观的、绝对的，可以对抗任何票据权利人的抗辩，因此在物的抗辩中不存在抗辩的限制。也就是说，票据抗辩的限制是将票据抗辩中的对人的抗辩限制在直接当事人之间用不允许特定债务人之间的抗辩扩大到其他人或整体的票据关系中，以免妨碍了票据的流通性。因此，票据抗的限制也称为"对人抗辩的切断"。

《票据法》第十三条第一款规定，票据债务人不得以自己与出票人或者与持票人的前手之间的抗辩为由，对抗持票人。根据该规定，票据抗辩的限制应遵循以下两个条件：①票据债务人不得以自己与出票人之间的抗辩事由对抗持票人。此类抗辩事由发生于票据基础关系中，包括承兑人或者付款人基于资金关系而与出票人之间形成的抗辩事由、付款人之外的其他票据关系人基于原因关系而与出票人之间存在的抗辩事由。②票据债务人不得以自己与持票人的前手之间的抗辩事由对抗持票人。此类抗辩事由发生于持票人前手的各债务人之间的基础关系中，包括持票人前手之间基础关系的缺陷、持票人前手作为被保证人与保证人之间基础关系的缺陷、持票人前手与出票人和付款人之间债权债务关系的缺陷等。

实践中，要注意票据抗辩限制存在例外。票据抗辩限制的例外是指基于法律规定，票据抗辩的事由不限于直接当事人之间，也可以对抗持票人的情形。规定票据抗辩限制的例外，是为了保障票据债务人的合法权益。从《票据法》的规定来看，主要有两种情况：

（1）无对价抗辩。

《票据法》第十条、第十一条规定，票据的取得必给付对价，因税收继承、赠予可以依法取得票据，但所享有的票据权利不得优于前手。这就意味着，无对价或者无相当对价取得票据的人所享有的票据权利不得优于前手，前手的票据权利中如有对人的抗辩，则该抗辩不予切断，而可以延对抗无对价或无相当对价的票据取得人。

（2）知情抗辩。

《票据法》第十三条规定，票据债务人不得以自己与出票人或者持票人前手之间的抗辩事由对抗持票人，但是，持票人明知存在抗辩事由而取得票据的除外。

【关联法条】

《中华人民共和国票据法》

第二条　在中华人民共和国境内的票据活动，适用本法。

本法所称票据，是指汇票、本票和支票。

第三条　票据活动应当遵守法律、行政法规，不得损害社会公共利益。

第四条　票据出票人制作票据，应当按照法定条件在票据上签章，并按照所记载的事项承担票据责任。

持票人行使票据权利，应当按照法定程序在票据上签章，并出示票据。

其他票据债务人在票据上签章的，按照票据所记载的事项承担票据责任。

本法所称票据权利，是指持票人向票据债务人请求支付票据金额的权利，包括付款请求权和追索权。

本法所称票据责任，是指票据债务人向持票人支付票据金额的义务。

第八条　票据金额以中文大写和数码同时记载，二者必须一致，二者不一致的，票据无效。

第九条　票据上的记载事项必须符合本法的规定。

票据金额、日期、收款人名称不得更改，更改的票据无效。

对票据上的其他记载事项，原记载人可以更改，更改时应当由原记载人签章证明。

第十条　票据的签发、取得和转让，应当遵循诚实信用的原则，具有真实的交易关系和债权债务关系。

票据的取得，必须给付对价，即应当给付票据双方当事人认可的相对应的代价。

第十一条　因税收、继承、赠予可以依法无偿取得票据的，不受给付对价的限制。但是，所享有的票据权利不得优于其前手的权利。

前手是指在票据签章人或者持票人之前签章的其他票据债务人。

第十二条　以欺诈、偷盗或者胁迫等手段取得票据的，或者明知有前列情形，出于恶意取得票据的，不得享有票据权利。

持票人因重大过失取得不符合本法规定的票据的，也不得享有票据权利。

第十三条　票据债务人不得以自己与出票人或者与持票人的前手之间的抗辩事由，对抗持票人。但是，持票人明知存在抗辩事由而取得票据的除外。

票据债务人可以对不履行约定义务的与自己有直接债权债务关系的持票人，进行抗辩。

本法所称抗辩，是指票据债务人根据本法规定对票据债权人拒绝履行义务的行为。

【案例评析】

近年来，随着便于流转的电子票据得到广泛使用、企业融资需求愈加旺盛，部分持票企业选择与不具有法定贴现资质的主体进行民间贴现而危害国家金融管理秩序，损害社会公共利益，应认定属于《民法典》第一百四十三条规定的"违背公序良俗"的行为。多重民间贴现较之单一民间贴现延长了贴现链条，更具危害性，应受到否定性评价。在《民法典》施行以前，应根据《民法总则》第一百四十三条及《合同法》第五十二条第四项规定的无效情形之"损害社会公共利益"对前述行为效力做出否定性评价。

本案中，遵义中院认为，LC 公司通过同城票据网向 MHL 公司购买取得案涉三张电子商业承兑汇票，因 LC 公司经营范围不包含票据贴现业务，其购买票据的真实目的系赚取票面金额与购买金额的价差，实质属于票据民间贴现行为，有损国家金融管理秩序，有损社会公共利益，其取得票据的行为无效，不能基于票据行使票据权利。

【案例启示】

票据是一种有价证券，通常具有汇兑、流通、融资等功能，对经济活动中资金流通具有很大便捷价值。但是票据的签发、取得和转让，应当遵循诚实信用的原则，必须具有真实的交易关系和债权债务关系。否则，可能会不被认定为票据的合法持票人，不能基于票据享有票据权利。

第二节　票据追索权

【案例介绍】

一、基本案情

2019 年 11 月 25 日，CZ 公司通过电子商业承兑汇票系统以背书方式向 MK 公司交付了一张票面金额为 100 万元的电子商业承兑汇票（尾号为 6943），出票人和承兑人为 XT 公司，该汇票的出票日期为 2019 年 6 月 26 日，到期日为 2020 年 6 月 26 日，票据金额为 100 万元。出票人和承兑人均承诺：本汇票予以承诺，到期无条件付款。该汇票经 XT 公司背书转让给 XX 公司、XX 公司背书转让给 GS 公司、GS 公司背书转让给

HK 公司、HK 公司背书转让给 CZ 公司、CZ 公司又背书转让给 MK 公司。MK 公司到期向承兑人开户行提示付款被拒付，遂酿成诉争。

案例来源：贵州省高级人民法院公众号，2023 年 4 月 12 日发布的"贵州高院商事审判十大典型案例"。

二、裁判结果

遵义中院生效裁判认为：关于涉案款项的责任承担主体，根据《票据法》第十七条第一款"票据权利在下列期限内不行使而消灭：……（四）持票人对前手的再追索权，自清偿日或者被提起诉讼之日起三个月"之规定，CZ 公司清偿涉案款项时间为 2021 年 7 月 27 日，提起本案诉讼的起诉状载明的日期为 2021 年 12 月 13 日，显然已超过法律规定的对前手行使再追索权的三个月期限，不应支持 CZ 公司针对 XX 公司、GS 公司、HK 公司、BS 公司提出的再追索请求。但根据《最高人民法院关于审理票据纠纷案件若干问题的规定》第十七条"票据法第十七条第一款第（三）（四）项规定的持票人对前手的追索权，不包括对票据出票人的追索权"的规定，对出票人行使再追索权不受票据法第十七条第一款第（四）项规定的三个月的时间限制，CZ 公司可以向票据出票人 XT 公司行使再追索权。

关于 CZ 公司在（2021）黔 0302 执 1332 号案件中承担的票据利息、迟延履行金、案件受理费、保全费、执行费是否属于票据再追索权的范围，根据《票据法》第六十八条第一款"汇票的出票人、背书人、承兑人和保证人对持票人承担连带责任"之规定，CZ 公司基于案涉票据与持票人 MK 公司形成了法定的债权债务关系，其已被人民法院生效判决确定为应当承担付款责任的义务人之一，CZ 公司有义务及时履行生效民事判决书确定其负有的义务，但其并未及时履行，以致产生迟延履行金，换言之，CZ 公司怠于履行生效判决确定的义务对迟延履行金的产生负有责任，迟延履行金理应由其自行承担，不属于可以再追索的范围，不支持 CZ 公司再追索迟延履行金的诉请。关于案件受理费、保全费、执行费，均属于诉讼费用范畴，是当事人启动诉讼程序依法应当向人民法院交纳的费用，该费用并非票面金额，亦非该案生效判决中当事人主张的票据款项，不受票据法律关系调整，不属于《票据法》第七十一条第一款关于"已清偿的全部金额"的范围，前述法律规定"已清偿的全部金额"中的"清偿"，一般指债务人向债权人履行债务的行为，而案件受理费、保全费、执行费与向债权人清偿的债务有显著区别，对 CZ 公司关于再追索案件受理费、保全费、执行费的主张不支持。案件受理费、保全费、执行费属于票据基础合同关系产生的损害赔偿范围或违约结果，CZ 公司在本案中未依据票据基础合同关系主张权利，其可以另行向与其发生涉案票据基础合同关系的相对方主张权利。关于已履行的票据利息，因作为出票人和承兑人的 XT 公司到期未承兑付款，CZ 公司被案涉票据持票人追索并根据生效法律文书支付了票据本金 50 万元和利息 25 762.46 元，根据《票据法》第七十条"持票人行使追索权，可以请求被追索人支付下列金额和费用：（一）被拒绝付款的汇票金额；（二）汇票金额自到期日或者提示付款日起至清偿日止，按照中国人民银行规定的利率计算的利息；（三）取得有关拒绝证明和发出通知书的费用"之规定，CZ 公司支付的票据利息 25 762.46 元，系持票人基于涉案票据行使追索权而发生，属于清偿票据金额的组成部分。根据《票据法》第七十一条第一款"被追索人依照前条规定清偿后，可以向其他汇票债务人行使再追索权，请求其他汇票债务人支付下列金额和费用：（一）已清偿的全部金额；（二）前项金额自清偿日起至再追索清偿日止，按照中国人民银行规定的利率计算的利息；（三）发出通知书的费用"的规定，CZ 公司可以再追索的金额范围为已支付的票据本金 50 万元、票据利息 25 762.46 元及前述款项自清偿日起至再追索清偿日止的利息。CZ 公司支付前述清偿款 525 762.46 元的日期（清偿日）为 2021 年 7 月 27 日，应当以 525 762.46 元为基数，自 2021 年 7 月 27 日起至款项付清之日止，按照全国银行间同业拆借中心发布的一年期贷款市场报价利率计算利息。

【争议问题】

1. 票据记载的款项（本案案涉款项）的承担主体应如何认定？
2. 票据法上的追索权范围应当如何界定，权利如何行使？

【理论知识】

一、票据时效

时效制度有取得时效和消灭时效两种，票据时效在性质上属于消灭时效。由于票据是流通证券，为了保障和促进票据流通，票据权利的时效期间要看民法上消灭时效期间的规定。票据时效的短期主义被各国和地区的立法承认，但具体规定又各有不同。一种是同一主义，即不分债务人种类，无论主债务人或者偿还义务人都适用同一时效规定，如法国、意大利、葡萄牙；另一种是差等主义，即区分票据债务人为主债务人（汇票承兑人、本票出票人）及偿还义务人（背书人、汇票的出票人）分别适用不同的时效规定，如德国、日本以及日内瓦统一票据法。

我国也采用差等主义，对不同票据债务人分别规定不同的票据时效期间。

1. 主债务人的票据时效

《票据法》第十七条第（一）项规定，持票人对票据的出票人和承兑人的权利，自票据到期日起二年。见票即付的汇票、本票，自出票日起二年期限内不行使，票据权利消灭。

2. 对支票出票人的票据时效

《票据法》第十七条第（二）项规定，持票人对支票出票人的权利自出票日起六个月期限内不行使的，票据权利消灭。由于支票是支付证券，其功能主要是支付而非信用，流通的时间上明显要短于汇票和本票，因此对支票出票人的票据时效规定就明显短于汇票、本票出票人的票据时效。

3. 执票人对前手的追索时效

《票据法》第十七条第（三）项规定，持票人对前手的追索权，自被拒绝承兑或者被拒绝付款之日起六个月不行使而消灭。

4. 背书人对前手的追索权

《票据法》第十七条第（四）项规定，持票人对前手的再追索权，自清偿日或者被提起诉讼之日起三个月不行使而消灭。

关于时效的中断，《票据法》没有做出特别规定，则仍应适用《中华人民共和国民法典》的有关规定。

二、票据追索权

票据追索权是指当票据到期得不到付款或者在到期日前得不到承兑或者发生其他法定原因（付款人或者承兑人死亡、逃匿，被法院宣告破产或者被行政部门责令终止业务活动）时，持票人向票据上的所有义务人请求支付票据金额、法定利息以及其他必要费用的权利，它是票据的第二次权利，也称为副票据权利、偿还请求权。

一般情况下，只有在汇票到期后可行使汇票的追索权，即汇票到期如果被拒绝付款的，持票人可以对背书人、出票人以及汇票的其他债务人行使追索权。但如果在汇票到期日前，发生下列情形之一的，持票人也可以行使追索权：①汇票被拒绝承兑的；②承兑人或者付款人死亡、逃匿的；③承兑人或者付款人被依法宣告破产的或者因违法被责令终止业务活动的。

根据《票据法》第七十条的规定，汇票追索权范围主要包含以下三部分：①被拒绝付款的汇票金额；②汇票金额自到期日或者提示付款日起至清偿日止，按照中国人民银行规定的利率计算的利息；③取得有关拒绝证明和发出通知书的费用。

【关联法条】

《中华人民共和国票据法》

第十七条　票据权利在下列期限内不行使而消灭：

（一）持票人对票据的出票人和承兑人的权利，自票据到期日起二年。见票即付的汇票、本票，自出票日起二年；

（二）持票人对支票出票人的权利，自出票日起六个月；

（三）持票人对前手的追索权，自被拒绝承兑或者被拒绝付款之日起六个月；

（四）持票人对前手的再追索权，自清偿日或者被提起诉讼之日起三个月。

票据的出票日、到期日由票据当事人依法确定。

第十八条　持票人因超过票据权利时效或者因票据记载事项欠缺而丧失票据权利的，仍享有民事权利，可以请求出票人或者承兑人返还其与未支付的票据金额相当的利益。

第六十一条　汇票到期被拒绝付款的，持票人可以对背书人、出票人以及汇票的其他债务人行使追索权。

汇票到期日前，有下列情形之一的，持票人也可以行使追索权：

（一）汇票被拒绝承兑的；

（二）承兑人或者付款人死亡、逃匿的；

（三）承兑人或者付款人被依法宣告破产的或者因违法被责令终止业务活动的。

第六十二条　持票人行使追索权时，应当提供被拒绝承兑或者被拒绝付款的有关证明。

持票人提示承兑或者提示付款被拒绝的，承兑人或者付款人必须出具拒绝证明，或者出具退票理由书。未出具拒绝证明或者退票理由书的，应当承担由此产生的民事责任。

第六十三条　持票人因承兑人或者付款人死亡、逃匿或者其他原因，不能取得拒绝证明的，可以依法取得其他有关证明。

第六十五条　持票人不能出示拒绝证明、退票理由书或者未按照规定期限提供其他合法证明的，丧失对其前手的追索权。但是，承兑人或者付款人仍应当对持票人承担责任。

第六十九条　持票人为出票人的，对其前手无追索权。持票人为背书人的，对其后手无追索权。

第七十条　持票人行使追索权，可以请求被追索人支付下列金额和费用：

（一）被拒绝付款的汇票金额；

（二）汇票金额自到期日或者提示付款日起至清偿日止，按照中国人民银行规定的利率计算的利息；

（三）取得有关拒绝证明和发出通知书的费用。

被追索人清偿债务时，持票人应当交出汇票和有关拒绝证明，并出具所收到利息和费用的收据。

【案例评析】

票据再追索权纠纷中，《票据法》明确规定了再追索权范围为三部分：一是已清偿的全部金额；二是前项金额自清偿日起至再追索清偿日止，按照中国人民银行规定的利率计算的利息；三是发出通知书的费用。《票据法》对"已清偿的全部金额"的范围未做出明确规定，对此存在模糊不清的认识，尤其是对票据追索权案件中的案件受理费、保全费、执行费及迟延履行金等是否属于再追索权范围问题，争议极大。本案提出票据再追索权的范围为当事人已支付的票据本金、利息及前述本金与利息自清偿日起至再追索清偿日止的利息；案件受理费、保全费、执行费及迟延履行金不属于可以基于票据关系行使再追索权的范围，其中，迟延履行金为当事人未及时履行生效法律文书确定的义务所产生，应自行承担；当事人已支付的诉讼费用，可以依据基础合同的约定，向与其发生票据基础关系的合同相对人主张权利。

本案提出票据再追索权的范围为当事人已支付的票据本金、利息及前述本金与利息自清偿日起至再追索清偿日止的利息；案件受理费、保全费、执行费及迟延履行金不属于可以基于票据关系行使再追索权的范围，其中，迟延履行金为当事人未及时履行生效法律文书确定的义务所产生，应自行承担；当事人已支付的诉讼费用，可以依据基础合同的约定，向与其发生票据基础关系的合同相对人主张权利。

【案例启示】

票据追索权是票据权利的一种基本形式，也是票据权利实现的重要方式。实践中，应当尤其注意，票据追索权的行使有权利范围和权利行使时间的限制，应严格按照法律规定行使权利，否则，权利主张有可能得不到司法机关的支持。

第六章

破产法

第一节　破产程序的启动

【案例介绍】

一、基本案情

GL 材料股份有限公司（以下简称"GL 公司"）以 XTL 铝箔有限公司（以下简称"XTL 公司"）不能清偿到期债务、明显缺乏清偿能力为由，向贵州省贵阳市白云区人民法院申请破产清算。

案例来源：（2022）黔 0113 破 1 号。

二、诉讼过程

贵州省贵阳市白云区人民法院裁定受理 XTL 公司破产清算一案后，XTL 公司向人民法院申请破产重整，人民法院裁定对 XTL 公司进行破产重整，并指定管理人。但因人民法院裁定对 XTL 公司进行重整后未招募到意向投资人，使管理人或者债务人难以在规定期限内形成重整计划草案，人民法院依据管理人申请，考虑到维持现状将导致债务人财产状况持续恶化，加重债务人及债权人的负担，裁定终止 XTL 公司重整程序并宣告 XTL 公司破产。管理人依据债权人申报的债权制作破产分配方案，并经第二次债权人会议通过，报告法院后，由法院裁定确认通过《贵州 XTL 铝箔有限公司破产财产的分配方案》。在破产分配方案已根据相关原则执行后，管理人申请破产案件终结，法院经审查裁定终结破产程序。

【争议问题】

1. XTL 公司是否具备破产原因？

2. GL 公司是否具备申请破产的主体资格？

3. 破产财产分配方案是否有效？

4. 破产程序终结是否符合法律规定？

【理论知识】

一、破产范围、破产原因

（一）破产范围

1. 企业法人

《中华人民共和国企业破产法》（以下简称《破产法》）第二条将该法适用范围限定为企业法人，这意味着，该法规定的破产程序适用于有限责任公司、股份有限公司等。

此外，该法第一百三十四条规定了商业银行、证券公司、保险公司等金融机构申请破产清算的程序。第一，作为债务人的金融机构出现破产原因时，若由国务院金融监督管理机构提出破产申请的，只能提出重整或破产清算的申请，即只能适用清算程序或重整程序，而不能适用和解程序。但是，其并未明确金融企业自己是否能够主动提出破产申请。第二，如果这些金融机构出现重大经营风险而国务院金融监督管理机构已经采取接管、托管措施的，可以向法院申请中止对该金融机构债务人已经开始的民事诉讼程序或执行程序。第三，国务院有权制定专门适用于这些金融机构破产的实施办法。

2. 其他组织

《破产法》第一百三十五条规定：其他法律规定企业法人以外的组织的清算，属于破产清算的，参照适用本法规定的程序。也就是说，企业法人以外的组织进入清算程序后，如果属于破产清算的，也可以适用《破产法》规定的相关程序，此规定其实为《破产法》确认其他组织的破产能力预留了一定的立法空间。目前，关于规定企业法人以外的组织破产清算的法律有以下四类：

一是合伙企业适用《中华人民共和国合伙企业法》，其第九十二条规定："合伙企业不能清偿到期债务的，债权人可以依法向人民法院提出破产清算申请，也可以要求普通合伙人清偿。合伙企业依法被宣告破产的，普通合伙人对合伙企业债务仍应承担无限连带责任。"二是民办学校适用《最高人民法院关于对因资不抵债无法继续办学被终止的民办学校如何组织清算问题的批复》。其规定："当事人依照《中华人民共和国民办教育促进法》第五十八条第二款规定向人民法院申请清算的，人民法院应当依法受理。人民法院组织民办学校破产清算，参照适用《中华人民共和国企业破产法》规定的程序。"三是个人独资企业适用《最高人民法院关于个人独资企业清算是否可以参照适用企业破产法规定的破产清算程序的批复》。其规定："在个人独资企业不能清偿到期债务，并且资产不足以清偿全部债务或者明显缺乏清偿能力的情况下，可以参照适用企业破产法规定的破产清算程序进行清算。"四是农民专业合作社适用《中华人民共和国农民专业合作社法》。其第五十二条规定："清算组发现农民专业合作社的财产不足以清偿债务的，应当依法向人民法院申请破产。"

此外，应当注意，根据法律规定，个体工商户、农村承包经营户是不具备破产主体资格的。

（二）破产原因

破产原因，是指企业适用破产程序的必要条件。《破产法》第二条规定："企业法人不能清偿到期债务，并且资产不足以清偿全部债务或者明显缺乏清偿能力的，依照本法规定清理债务。"该条明确规定了企业法人可以申请破产的理由，具备其中任何一种情况的都可以适用破产程序。

（1）企业法人不能清偿到期债务，并且资产不足以清偿全部债务。

"不能清偿到期债务"，即无力偿债，此处需要同时满足三个条件：第一，债权债务关系依法成立；第二，债务履行期限已经届满；第三，债务人未完全清偿债务。

资产不足以清偿全部债务，又称"资不抵债"，具体表现为债务人的资产负债表，或者审计报告、资产评估报告等显示其全部资产不足以偿付全部负债。

（2）企业法人不能清偿到期债务，并且明显缺乏清偿能力。

明显缺乏清偿能力，即便债务人账面资产大于负债，但存在以下情形之一的，应当被认定为明显缺乏清偿能力：第一，因资金严重不足或者财产不能变现等原因，无法清偿债务；第二，法定代表人下落不明且无其他人员负责管理财产，无法清偿债务；第三，经人民法院强制执行，无法清偿债务；第四，长期亏损且经营扭亏困难，无法清偿债务；第五，导致债务人丧失清偿能力的其他情形。

二、破产的申请与受理

破产程序开始的必要条件：由依法具有破产申请资格的当事人提出申请，并经人民法院受理。

（一）破产申请的主体

破产申请的主体即具有破产申请资格的当事人，一般为债权人和债务人。但是，这里存在法律特别规定的例外情形，如《中华人民共和国公司法》第一百八十七条规定，在公司清算期间，清算组在清理公司财产、编制资产负债表和财产清单后，发现公司财产不足以清偿债务的，应当依法向人民法院申请宣告破产。《破产法》第七十条规定债权人申请对债务人进行破产清算的，在人民法院受理破产申请后、宣告债务人破产前，债务人或者出资额占债务人注册资本十分之一以上的出资人，可以向人民法院申请重整。

（二）破产申请必备的材料

破产申请主体应当在向法院提出破产申请时提交破产申请书和有关证据，具体内容如下：

1. 债务人申请破产

应当向人民法院提交下列材料：书面破产申请；企业主体资格证明；企业法定代表人与主要负责人名单；企业职工情况和安置预案；企业亏损情况的书面说明，并附审计报告；企业至破产申请日的资产状况明细表，包括有形资产、无形资产和企业投资情况等；企业在金融机构开设账户的详细情况，包括开户审批材料、账号、资金等；

企业债权情况表，列明企业的债务人名称、住所、债务数额、发生时间和催讨偿还情况；企业债务情况表，列明企业的债权人名称、住所、债权数额、发生时间；企业涉及的担保情况；企业已发生的诉讼情况；人民法院认为应当提交的其他材料。

2. 债权人申请破产

应当向人民法院提交下列材料：债权发生的事实与证据；债权性质、数额、有无担保，并附证据；债务人不能清偿到期债务的证据。

（三）案件管辖

1. 地域管辖

破产案件由债务人住所地人民法院管辖。债务人住所地指的是债务人主要办事机构所在地，债务人无办事机构的，由其注册地人民法院管辖。省、自治区、直辖市范围内因特殊情况需对个别企业破产案件的地域管辖做调整的，须经共同上级人民法院批准。

2. 级别管辖

县、县级市或区的工商行政管理机关核准登记的企业破产案件一般由基层人民法院管辖。地区、地级市（含本级）以上的工商行政管理机关核准登记的企业或纳入国家计划调整的企业破产案件一般由中级人民法院管辖。人民法院受理破产申请后，有关债务人的民事诉讼，只能向受理破产申请的人民法院提起。

（四）破产案件的受理

人民法院对破产申请的审查是受理程序的必要环节，在法院决定受理破产企业案件前，破产申请人可以请求撤回破产申请。法院对破产申请的审查包括形式审查和实质审查。形式审查主要包括：申请人和债务人的主体资格审查；受案法院是否具有管辖权以及申请文件是否符合破产法律要求。实质审查则是判定债务人是否存在破产原因。法院应当在收到破产申请之日起十五日内做出是否受理的裁定。

若人民法院裁定受理案件的，应当在做出裁定之日起五日内将受理裁定送达申请人和债务人，按照《破产法》及相关司法解释的规定指定管理人，并在裁定受理破产申请之日起二十五日内通知已知债权人，并予以公告。通知和公告应当载明下列事项：申请人、被申请人的名称或者姓名；人民法院受理破产申请的时间；申报债权的期限、地点和注意事项；管理人的名称或者姓名及其处理事务的地址；债务人的债务人或者财产持有人应当向管理人清偿债务或者交付财产的要求；第一次债权人会议召开的时间和地点；人民法院认为应当通知和公告的其他事项。若法院裁定受理破产申请后，发现受理申请有所不当，在破产宣告前可以裁定驳回申请，申请人对裁定不服的，可以自裁定送达之日起十日内向上一级人民法院提出上诉。

若人民法院裁定不予受理案件的，应当自裁定做出之日起五日内送达申请人，并说明理由，申请人对裁定不服的，可以自裁定送达之日起十日内向上一级人民法院提出上诉。

应当注意，破产申请是可以撤回的，但破产申请人应当在人民法院受理破产申请前提出，是否准许其撤回申请应当由法院进行审查，并做出是否同意撤回申请的裁定。

管理人，是在破产程序中根据法院指定，全面接管债务人企业并负责其财产的保管、清理、估价、处分、分配等清算事务的专门机构，即管理人是管理破产企业财产的机构，它由法院裁定受理破产申请的同时指定，对法院负责。

1. 管理人的种类

《破产法》规定了三种管理人，即清算组、依法设立的社会中介机构以及中介机构中具备相关专业知识并取得执业资格的人员。一般情况下，指定管理人以中介机构是首选形式。

根据规定，管理人可以由有关部门、机构人员组成的清算组或者依法设立的律师事务所、会计师事务所、破产清算事务所等社会中介机构担任。人民法院根据债务人的实际情况，可以在征询有关社会中介机构的意见后，指定该机构中具备相关专业知识并取得执业资格的人员担任管理人。

清算组是由人民法院指定成立，对接管的破产企业财产进行清理、保管、估价以及处理和分配的专门机构。

2. 管理人的任职条件

根据规定，有下列情形之一的，不得担任管理人：因故意犯罪受过刑事处罚；曾被吊销相关专业执业证书；与本案有利害关系；人民法院认为不宜担任管理人的其他情形。

其中，"有利害关系"包括两种情形。一种是对社会中介机构、清算组成员而言，有下列情形之一，可能影响其忠实履行管理人职责的，人民法院可以认定为有利害关系：①与债务人、债权人有未了结的债权债务关系；②在人民法院受理破产申请前三年内，曾为债务人提供相对固定的中介服务；③现在是或者在人民法院受理破产申请前三年内曾经是债务人、债权人的控股股东或者实际控制人；现在是或者在人民法院受理破产申请前三年内曾经是债务人、债权人的财务顾问、法律顾问；人民法院认为可能影响其忠实履行管理人职责的其他情形。

另一种是对清算组成员的派出人员、社会中介机构的派出人员、个人管理人而言，有下列情形之一，可能影响其忠实履行管理人职责的，人民法院可以认定为有利害关系：①具有前述所列的五种情形；②现在担任或者在人民法院受理破产申请前三年内曾经担任债务人、债权人的董事、监事、高级管理人员；③与债务人或者债权人的控股股东、董事、监事、高级管理人员存在夫妻关系、直系血亲、三代以内旁系血亲或者近姻亲关系。

3. 管理人的确定与更换

（1）管理人的确定有指定方式和指定情形两种。

第一，指定方式。一般情况下，人民法院采取轮候、抽签、摇号等随机方式指定管理人。对于商业银行、证券公司、保险公司等金融机构或者在全国范围有重大影响、法律关系复杂、债务人财产分散的企业破产案件，人民法院应当采取竞争方式指定管理人。对于经过行政清理、清算的商业银行、证券公司、保险公司等金融机构的破产案件，人民法院除指定清算组为管理人外，也可以采取推荐方式指定管理人。

除法律另有规定外，人民法院一般应指定本地高级或中级人民法院编制的管理人名册中的社会中介机构担任管理人。对于事实清楚、债权债务关系简单、债务人财产相对集中的企业破产案件，可以指定管理人名册中的个人为管理人。

第二，指定情形。企业破产案件有下列情形之一的，人民法院可以指定清算组为管理人：破产申请受理前，根据有关规定已经成立清算组，人民法院认为符合有关规定的；审理国务院规定期限和范围内的国有企业破产案件；有关法律规定企业破产时成立清算组；人民法院认为可以指定清算组为管理人的其他情形。

（2）管理人的更换。

债权人会议认为管理人不能依法、公正执行职务或有其他不能胜任职务情形的，可以申请人民法院予以更换。在一定情形下，人民法院可以根据债权人会议的申请或者依职权径行决定更换管理人。

一是社会中介机构管理人更换的情形：执业许可证或者营业执照被吊销或者注销；出现解散、破产事由或者丧失承担执业责任风险的能力；与本案有利害关系；履行职务时，因故意或者重大过失导致债权人利益受到损害；社会中介机构有重大债务纠纷或者因涉嫌违法行为正被相关部门调查的。清算组成员可以参照适用上述规定。

二是个人管理人更换的情形：执业资格被取消、吊销；与本案有利害关系；履行职务时，因故意或者重大过失导致债权人利益受到损害；失踪、死亡或者丧失民事行为能力；因健康原因无法履行职务；执业责任保险失效；个人有重大债务纠纷或者因涉嫌违法行为正被相关部门调查的。

清算组成员的派出人员、社会中介机构的派出人员可以参照适用上述规定。

4. 管理人的职责、法律责任及报酬

（1）管理人的职责主要有基本职责与特定职责两种。

第一，基本职责。管理人被指定后，要依法接管债务人的财产，具体实施对债务人财产的管理、处分、整理、变价、分配等工作。没有正当理由，管理人一般不得辞去职务；需要辞去职务，应当经人民法院许可。其职责主要包括：接管债务人的财产、印章和账簿、文书等资料；调查债务人财产状况，制作财产状况报告；决定债务人的内部管理事务；决定债务人的日常开支和其他必要开支；在第一次债权人会议召开之前，决定继续或者停止债务人的营业；管理和处分债务人的财产；代表债务人参加诉讼、仲裁或者其他法律程序；提议召开债权人会议；人民法院认为管理人应当履行的其他职责。

第二，特定职责。对破产申请受理前成立而债务人和对方当事人均未履行完毕的合同，有权决定是否解除或者继续履行；自人民法院裁定债务人重整之日起六个月内，向人民法院和债权人会议提交重整计划草案。由债务人提出重整计划草案的，管理人需监督债务人对财产的管理和营业事务以及重整计划的执行；拟订破产财产变价方案；拟订破产财产分配方案；实施对债务人财产有重大影响行为时，如不动产所有权、采矿权、土地使用权、知识产权等财产权以及全部库存或者营业的转让、借款、设定财产担保、收回担保物等，应当及时报告债权人委员会，经其许可；未设立债权人委员会的，应报告人民法院。

在第一次债权人会议召开前，管理人有上述行为之一的，应征得法院许可。管理人拟通过清偿债务或者提供担保取回质物、留置物，或者与质权人、留置权人协议以质物、留置物折价清偿债务等方式，进行对债权人利益有重大影响的财产处分行为的，应当及时报告债权人委员会。未设立债权人委员会的，管理人应当及时报告人民法院。

管理人依法执行职务，向人民法院报告工作，并接受债权人会议和债权人委员会的监督。管理人应当列席债权人会议，向债权人会议报告职务执行情况，并回答询问。

（2）管理人的法律责任。

管理人未依法勤勉尽责，忠实执行职务的，人民法院可以依法处以罚款，给债权人、债务人或者第三人造成损失的，依法承担赔偿责任。

管理人因过错未依法行使撤销权导致债务人财产不当减损，债权人提起诉讼主张管理人对其损失承担相应赔偿责任的，人民法院应予以支持。

（3）管理人的报酬。

管理人履行规定职责，有权获得相应报酬。管理人报酬由审理企业破产案件的人民法院依据《最高人民法院关于审理企业破产案件确定管理人报酬的规定》（法释〔2007〕9号）确定。债权人会议对管理人的报酬有异议的，应当向人民法院书面提出具体的请求和理由。

管理人的报酬应列入破产财产分配方案，从债务人财产中优先支付。债务人财产不足以支付管理人报酬和管理人执行职务费用的，管理人应当提请人民法院终结破产程序。但债权人、管理人、债务人的出资人或者其他利害关系人愿意垫付上述报酬和费用的，破产程序可以继续进行。

在和解、重整程序中，管理人报酬方案内容应列入和解协议草案或重整计划草案。

四、债务人财产

债务人财产是指在破产申请受理时属于债务人的全部财产，以及破产申请受理后至破产前债务人取得的财产。

1. 债务人财产的特征

（1）法定性。

债务人财产的法定性主要表现为由法律直接规定。

（2）特定目的。

债务人财产的特定目的主要表现为最大限度地保护和满足债权人利益，实现公平清偿。

（3）可分配性。

债务人财产的可分配性主要表现为可由管理人管理、支配。

2. 债务人财产的范围

（1）破产申请受理时属于债务人的所有财产。

债务人的有形财产，主要指债务人的固定资产，如厂房、机器设备、运输工具、原材料、产成品和办公用品；债务人的无形财产，包括债务人享有的如土地使用权矿业权、抵押权、质权、留置权等他物权和如专利权、商标权、著作权、专有技术、特许权等知识产权；债务人所有的债权货币和有价证券；债务人的投资权益如破产债务人在其他公司中享有的股权。

此外，下列财产也应当认定为债务人的财产：债务人与他人共有的财产中属于债务人所有的部分；债务人在破产申请受理前取得的而尚未付清价款但已交付或已办理产权转移登记的财产；债务人的财产虽被采取民事强制执行措施，在破产申请受理时尚未执行或尚未执行完毕的部分或因错误执行应当执行回转的财产；债务人依法取得代位求偿权，依该代位求偿权而取得的债权；债务人设立的非分支机构和没有法人资格的全资机构的财产；破产企业的开办人注册资金投入不足的，应当由开办人予以补足，补足部分属于破产财产。

（2）债务人在破产申请受理后至破产程序终结前取得的财产。

管理人在接管债务人的财产后仍可以进行必要的民事活动，并有权决定继续履行破产债务人未履行的合同。通过管理人的行为所取得的财产本身属于债务人资本增值的结果，构成债务人财产的组成部分，属于破产财产。其具体包括以下几种情况：因破产企业的债务人的清偿和破产财产持有人的交还而取得的财产。这部分财产在取得以前仅仅是破产企业的账面财产，不具有可分配性；经清偿或交还后，成为可分配的现实财产。因此，从可分配财产的角度讲，因这些原因取得的财产可以视作破产财产的新增加部分。因继续履行债务人未履行的合同而取得的财产。由于这种合同是双务合同，破产财产在接受给付时有相应的对待给付，而且这种对待给付一般是等价性质的，因而这部分新取得的财产不是价值形态上的财产增加，而是实物形态上的财产增加。从实物形态的角度讲，这可以视作破产宣告后破产财产的收入。由破产债务人享有的投资权益所产生的收益，如公司股份的年终分红、在合资企业中获得的利润分配；破产财产的孳息，如房租、银行利息；清算期间继续营业的收益。在破产宣告后，破产企业在有利于破产债权人利益的前提下，可以进行必要的营业，由此增加的营业所得就应归入破产财产。基于其他合法原因而取得的财产如因他人侵犯破产企业的专利权而获得的赔偿。

（3）例外。

法律规定不属于破产财产：债务人基于仓储、保管、加工承揽、委托交易、代销、借用、寄存、租赁等法律关系占有、使用的他人财产；抵押物、留置物、出质物，但权利人放弃优先受偿权的或者优先偿付被担保债权剩余的部分除外；担保物灭失后产生的保险金、补偿金、赔偿金等代位物；依照法律规定存在优先权的财产，但权利人放弃优先受偿权或者优先偿付特定债权剩余的部分除外；特定物买卖中，尚未转移占有但相对人已完全支付对价的特定物；尚未办理产权证或者产权过户手续但已向买方交付的财产；债务人在所有权保留买卖中尚未取得所有权的财产；所有权专属于国家且不得转让的财产；破产企业工会所有的财产。

五、破产债权

破产债权是指债权人在人民法院在受理破产申请时，对债务人享有的债权。

1. 破产债权的特征

一是必须是破产程序启动前的原因成立的债权；二是可以强制执行的债权；三是必须经债权人依法申报，并经确认。

2. 破产债权的申报

破产债权的申报是指债权人在破产申请受理后，依照法定程序在规定期限内向法定机关主张并证明其债权存在的行为。①债权申报期限：由人民法院指定，自人民法院发布破产申请公告之日起计算，最短不少于 30 日，最长不超过 3 个月。②债权申报方式：书面。③接收债权申报的机关：破产管理人。④债权申报内容：应当书面说明债权的数额和有无财产担保，并提交有关证据。申报的债权是连带债权的，应当说明。⑤逾期申报和未申报的法律后果：逾期申报的，可以在破产财产最后分配前补充申报。未申报的，丧失破产财产分配权利。

3. 破产财产的确认

破产财产的确认是指在完成债权申报和债权调查工作后，由法定机关对申报的债权进行认定的程序。

①对没有异议的债权：债务人、债权人对债权表记载在的债权无异议的，由人民法院裁定确认。②对有异议的债权：债务人、债权人对债权表记载的债权有异议的，可以向受理破产申请的人民法院提起诉讼。

六、债权人会议

债权人会议，是指为维护全体债权人的破产程序参与权和监督权，由登记在册的债权人组成的表达债权人意志和统一债权人行动的议事机构。

1. 债权人会议

（1）组成。

债权人会议由依法申报债权的债权人、债务人的职工和工会的代表组成。

（2）债权人会议主席。

债权人会议主席的任职：人民法院在第一次债权人会议召开时从债权人中指定。

债权人会议主席的职权：主持债权人会议。在法定主体申请时召开债权人会议。

（3）债权人会议的职权。

债权人会议的职权：核查债权；申请人民法院更换管理人，审查管理人的费用和报酬；监督管理人；选任和更换债权人委员会成员；决定继续或者停止债务人的营业；通过重整计划；通过和解协议；通过债务人财产的管理方案；通过破产财产的变价方案；通过破产财产的分配方案；人民法院认为应当由债权人会议行使的其他职权。

（4）债权人会议的召开。

召集人：第一次债权人会议由人民法院召集。以后的债权人会议，由法定申请人向债权人会议主席提议时召开。

召开时间：第一次债权人会议，自债权申报期限届满之日起十五日内召开。以后的债权人会议，在人民法院认为必要时，或者管理人、债权人委员会、占债权总额四分之一以上的债权人向债权人会议主席提议时召开，管理人应当提前十五日通知已知的债权人。

（5）债权人会议的决议。

表决权：债权尚未确定的债权人，除人民法院能够为其行使表决权而临时确定债权额的外，不得行使表决权。对债务人的特定财产享有担保权的债权人，未放弃优先受偿权利的，对于通过和解协议、通过和解协议事项不享有表决权。

决议通过：债权人会议的决议，由出席会议的有表决权的债权人过半数通过，并且其所代表的债权额占无财产担保债权总额的二分之一以上。

债务人财产的管理方案、破产财产的变价方案经债权人会议表决未通过的，由人民法院裁定。

破产财产的分配方案经债权人会议二次表决仍未通过的，由人民法院裁定。

救济途径：债权人对人民法院依照本法第六十五条第一款做出的裁定不服的，债权额占无财产担保债权总额二分之一以上的债权人对人民法院依照本法第六十五条第二款做出的裁定不服的，可以自裁定宣布之日或者收到通知之日起十五日内向该人民法院申请复议。复议期间不停止裁定的执行。

2. 债权人委员会

（1）组成。

债权人委员会由债权人会议上选任的债权人、1名债务人的职工代表或工会的代表组成。债权人委员会的成员不超过9人，须经人民法院书面决定认可。

（2）职权。

一般监督权：监督债务人财产的管理和处分；监督破产财产的分配；提议召开债权人会议；债权人会议委托的其他职权；债权人委员会执行职务时，有权要求管理人、债务人的有关人员对其职权范围内的事务做出说明或者提供有关文件。管理人、债务人的有关人员违反本法规定拒绝接受监督的，债权人委员会有权就监督事项请求人民法院做出决定，人民法院应当在五日内做出决定。

特别监督权：主要管理人利益关系重大的处分行为，具体包括涉及土地、房屋等不动产权益的转让；探矿权、采矿权、知识产权等财产权的转让；全部库存或者营业的转让；借款；设定财产担保；债权和有价证券的转让；履行债务人和对方当事人均未履行完毕的合同；放弃权利；担保物的取回；对债权人利益有重大影响的其他财产处分行为。

【关联法条】

《中华人民共和国企业破产法》

第二条　企业法人不能清偿到期债务，并且资产不足以清偿全部债务或者明显缺乏清偿能力的，依照本法规定清理债务。

企业法人有前款规定情形，或者有明显丧失清偿能力可能的，可以依照本法规定进行重整。第五百八十五条当事人可以约定一方违约时应当根据违约情况向对方支付一定数额的违约金，也可以约定因违约产生的损失赔偿额的计算方法。

第三条　破产案件由债务人住所地人民法院管辖。

第四条　破产案件审理程序，本法没有规定的，适用民事诉讼法的有关规定。

第七条　债务人有本法第二条规定的情形，可以向人民法院提出重整、和解或者破产清算申请。

债务人不能清偿到期债务，债权人可以向人民法院提出对债务人进行重整或者破产清算的申请。

企业法人已解散但未清算或者未清算完毕，资产不足以清偿债务的，依法负有清算责任的人应当向人民法院申请破产清算。

第八条　向人民法院提出破产申请，应当提交破产申请书和有关证据。

破产申请书应当载明下列事项：

（一）申请人、被申请人的基本情况；

（二）申请目的；

（三）申请的事实和理由；

（四）人民法院认为应当载明的其他事项。

债务人提出申请的，还应当向人民法院提交财产状况说明、债务清册、债权清册、有关财务会计报告、职工安置预案以及职工工资的支付和社会保险费用的缴纳情况。

第十条　债权人提出破产申请的，人民法院应当自收到申请之日起五日内通知债务人。债务人对申请有异议的，应当自收到人民法院的通知之日起七日内向人民法院提出。人民法院应当自异议期满之日起十日内裁定是否受理。

除前款规定的情形外，人民法院应当自收到破产申请之日起十五日内裁定是否受理。

有特殊情况需要延长前两款规定的裁定受理期限的，经上一级人民法院批准，可以延长十五日。

第十一条　人民法院受理破产申请的，应当自裁定做出之日起五日内送达申请人。

债权人提出申请的，人民法院应当自裁定做出之日起五日内送达债务人。债务人应当自裁定送达之日起十五日内，向人民法院提交财产状况说明、债务清册、债权清册、有关财务会计报告以及职工工资的支付和社会保险费用的缴纳情况。

第十二条　人民法院裁定不受理破产申请的，应当自裁定做出之日起五日内送达申请人并说明理由。申请人对裁定不服的，可以自裁定送达之日起十日内向上一级人民法院提起上诉。

人民法院受理破产申请后至破产宣告前，经审查发现债务人不符合本法第二条规定情形的，可以裁定驳回申请。申请人对裁定不服的，可以自裁定送达之日起十日内向上一级人民法院提起上诉。

第十一条　人民法院受理破产申请的，应当自裁定做出之日起五日内送达申请人。

债权人提出申请的，人民法院应当自裁定做出之日起五日内送达债务人。债务人应当自裁定送达之日起十五日内，向人民法院提交财产状况说明、债务清册、债权清册、有关财务会计报告以及职工工资的支付和社会保险费用的缴纳情况。

第十二条　人民法院裁定不受理破产申请的，应当自裁定做出之日起五日内送达申请人并说明理由。申请人对裁定不服的，可以自裁定送达之日起十日内向上一级人民法院提起上诉。

人民法院受理破产申请后至破产宣告前，经审查发现债务人不符合本法第二条规定情形的，可以裁定驳回申请。申请人对裁定不服的，可以自裁定送达之日起十日内向上一级人民法院提起上诉。

第十三条　人民法院裁定受理破产申请的，应当同时指定管理人。

第十四条　人民法院应当自裁定受理破产申请之日起二十五日内通知已知债权人，并予以公告。

通知和公告应当载明下列事项：

（一）申请人、被申请人的名称或者姓名；

（二）人民法院受理破产申请的时间；

（三）申报债权的期限、地点和注意事项；

（四）管理人的名称或者姓名及其处理事务的地址；

（五）债务人的债务人或者财产持有人应当向管理人清偿债务或者交付财产的要求；

（六）第一次债权人会议召开的时间和地点；

（七）人民法院认为应当通知和公告的其他事项。

第十五条　自人民法院受理破产申请的裁定送达债务人之日起至破产程序终结之日，债务人的有关人员承担下列义务：

（一）妥善保管其占有和管理的财产、印章和账簿、文书等资料；

（二）根据人民法院、管理人的要求进行工作，并如实回答询问；

（三）列席债权人会议并如实回答债权人的询问；

（四）未经人民法院许可，不得离开住所地；

（五）不得新任其他企业的董事、监事、高级管理人员。

前款所称有关人员，是指企业的法定代表人；经人民法院决定，可以包括企业的财务管理人员和其他经营管理人员。

第十六条　人民法院受理破产申请后，债务人对个别债权人的债务清偿无效。

第十七条　人民法院受理破产申请后，债务人的债务人或者财产持有人应当向管理人清偿债务或者交付财产。

债务人的债务人或者财产持有人故意违反前款规定向债务人清偿债务或者交付财产，使债权人受到损失的，不免除其清偿债务或者交付财产的义务。

第十八条　人民法院受理破产申请后，管理人对破产申请受理前成立而债务人和对方当事人均未履行完毕的合同有权决定解除或者继续履行，并通知对方当事人。管理人自破产申请受理之日起二个月内未通知对方当事人，或者自收到对方当事人催告之日起三十日内未答复的，视为解除合同。

管理人决定继续履行合同的，对方当事人应当履行；但是，对方当事人有权要求管理人提供担保。管理人不提供担保的，视为解除合同。

第十九条　人民法院受理破产申请后，有关债务人财产的保全措施应当解除，执行程序应当中止。

第二十条　人民法院受理破产申请后，已经开始而尚未终结的有关债务人的民事诉讼或者仲裁应当中止；在管理人接管债务人的财产后，该诉讼或者仲裁继续进行。

第二十一条　人民法院受理破产申请后，有关债务人的民事诉讼，只能向受理破产申请的人民法院提起。

《最高人民法院关于个人独资企业清算是否可以参照适用企业破产法规定的破产清算程序的批复》

根据《中华人民共和国企业破产法》第一百三十五条的规定，在个人独资企业不能清偿到期债务，并且资产不足以清偿全部债务或者明显缺乏清偿能力的情况下，可以参照适用企业破产法规定的破产清算程序进行清算。

根据《中华人民共和国个人独资企业法》第三十一条的规定，人民法院参照适用破产清算程序裁定终结个人独资企业的清算程序后，个人独资企业的债权人仍然可以就其未获清偿的部分向投资人主张权利。

《中华人民共和国民办教育促进法》

第五十八条　民办学校终止时，应当依法进行财务清算。

民办学校自己要求终止的，由民办学校组织清算；被审批机关依法撤销的，由审批机关组织清算；因资不抵债无法继续办学而被终止的，由人民法院组织清算。

《中华人民共和国农民专业合作社法》

第四十八条　农民专业合作社因下列原因解散：

（一）章程规定的解散事由出现；

（二）成员大会决议解散；

（三）因合并或者分立需要解散；

（四）依法被吊销营业执照或者被撤销。

因前款第一项、第二项、第四项原因解散的，应当在解散事由出现之日起十五日内由成员大会推举成员组成清算组，开始解散清算。逾期不能组成清算组的，成员、债权人可以向人民法院申请指定成员组成清算组进行清算，人民法院应当受理该申请，并及时指定成员组成清算组进行清算。

第四十九条　清算组自成立之日起接管农民专业合作社，负责处理与清算有关未了结业务，清理财产和债权、债务，分配清偿债务后的剩余财产，代表农民专业合作社参与诉讼、仲裁或者其他法律程序，并在清算结束时办理注销登记。

《最高人民法院关于审理企业破产案件若干问题的规定》

第一条　企业破产案件由债务人住所地人民法院管辖。债务人住所地指债务人的主要办事机构所在地。债务人无办事机构的，由其注册地人民法院管辖。

第二条　基层人民法院一般管辖县、县级市或者区的工商行政管理机关核准登记企业的破产案件；

中级人民法院一般管辖地区、地级市（含本级）以上的工商行政管理机关核准登记企业的破产案件；

纳入国家计划调整的企业破产案件，由中级人民法院管辖。

第三条　上级人民法院审理下级人民法院管辖的企业破产案件，或者将本院管辖的企业破产案件移交下级人民法院审理，以及下级人民法院需要将自己管辖的企业破产案件交由上级人民法院审理的，依照民事诉讼法第三十九条的规定办理；省、自治区、直辖市范围内因特殊情况需对个别企业破产案件的地域管辖做调整的，须经共同上级人民法院批准。

第四条　申请（被申请）破产的债务人应当具备法人资格，不具备法人资格的企业、个体工商户、合伙组织、农村承包经营户不具备破产主体资格。

第五条　国有企业向人民法院申请破产时，应当提交其上级主管部门同意其破产的文件；其他企业应当提供其开办人或者股东会议决定企业破产的文件。

第十三条　人民法院对破产申请不予受理的，应当做出裁定。

破产申请人对不予受理破产申请的裁定不服的，可以在裁定送达之日起十日内向上一级人民法院提起上诉。

第十四条　人民法院受理企业破产案件后，发现不符合法律规定的受理条件或者有本规定第十二条所列情形的，应当裁定驳回破产申请。

人民法院受理债务人的破产申请后，发现债务人巨额财产下落不明且不能合理解释财产去向的，应当裁定驳回破产申请。

破产申请人对驳回破产申请的裁定不服的，可以在裁定送达之日起十日内向上一级人民法院提起上诉。

【案例评析】

企业法人债务人不能清偿到期债务，且资产不足以清偿全部债务的，债权人可以向人民法院提交破产申请书和有关证据，提出重整、和解或者破产清算申请。债权人提出申请后，人民法院可以组成合议庭就是否受理进行实质审查，人民法院裁定不受理的，债权人还可以就裁定进行上诉。法院积极实践破产法律制度，优化破产制度运行，注重企业救治和债权人利益保护。在本案中，债权人申请破产清算程序，在清算中债务人申请进行破产重整，体现了破产制度运用多种合力促进资源优化配置、平等保护债权人权益、救治市场主体的独特程序价值。

第二节　破产重整

【案例介绍】

一、基本案情

YX 小额贷款有限公司（以下简称"YX 公司"）以 HY 天然气有限公司（以下简称"HY 公司"）不能清偿申请人到期债务，且有明显丧失清偿能力的可能为由，向贵州省贵阳市白云区人民法院申请进行破产重整。人民法院认为 HY 公司虽有多笔经法院生效判决书或调解书确定的到期债务，但该公司并无资产不足以清偿全部债务、明显缺乏清偿能力或明显丧失清偿能力的情形，裁定不予受理 YX 公司申请。

案例来源：（2019）黔 01 破终 1 号。

二、诉讼过程

YX 公司不服白云区人民法院做出的（2019）黔 0113 破申 1 号不予受理的民事裁定，向贵阳市中级人民法院提起上诉。贵阳市中级人民法院经审理，认定 HY 公司不能清偿 YX 公司到期债权，YX 公司申请破产主体适格，且 HY 公司大部分加油站已停止营业，出现经营困难情形，在财务管理方面也存在问题。对其进行生产经营上的整顿，使其重获经营能力，有利于职工权益受到保护，能够最大限度地实现申请人及其他债权人的债权，做出（2019）黔01破终1号民事裁定书，裁定撤销（2019）黔0113破申1号民事裁定，由贵州省贵阳市白云区人民法院裁定受理YX小额贷款有限公司对HY天然气有限公司的破产重整申请。白云区人民法院于2019年8月20日裁定受理，案件受理后，白云区法院下达裁定，通过摇号确定了破产管理人，破产管理人并迅速指导管理人对企业进行了接管，确保企业能够继续正常经营。管理人在法院的指导下与债权人、意向投资人、原出资人等各方协商谈判，最终确定了最优的重整计划草案。在第三次债权人会议上，除原出资人组外，税务债权组、一般普通债权组、小额债权组均全票通过了修订后的《重整计划草案》。该《重整计划草案》在报经白云区法院裁定通过并实际实施，投资人已于2021年1月6日将第一期款项打入了管理人账户。

【争议问题】

1. YX公司是否具备申请破产重整的主体资格？
2. HY公司是否具备破产原因？
3. HY公司是否具有重整价值？
4. 破产重整计划草案是否可以通过？
5. 破产重整计划如何执行？

【理论知识】

破产重整是指对可能或已经具备破产原因但又有维持价值和再生希望的企业，经由利害关系人的申请，在法院的主持和利害关系人的参与下，进行业务上的重组和债务调整，以帮助债务人摆脱财务困境、恢复营业能力的法律制度。

一、破产重整的申请

1. 申请主体

根据《破产法》第七十条的规定，债务人及债权人可以直接向法院申请对债务人进行重整。在已经进入破产清算程序的，债务人或者出资额占债务人注册资本十分之一以上的出资人，可以向法院申请进行重整。

2. 申请原因

不能清偿到期债务，并且资产不足以清偿全部债务；不能清偿到期债务，并且明显缺乏清偿能力；有明显缺乏清偿能力的可能。

二、破产重整的受理

1. 法院审查时限

债权人提出破产申请的，人民法院应当自收到申请之日起五日内通知债务人。债务人对申请有异议的，应当自收到人民法院的通知之日起七日内向人民法院提出。人民法院应当自异议期满之日起十日内裁定是否受理。除上述情形外，人民法院应当自收到破产申请之日起十五日内裁定是否受理。有特殊情况需要延长裁定受理期限的，经上一级人民法院批准，可以延长十五日。共计有五十二日。

2. 审查标准

审查标准包括形式审查和实质审查。

3. 审查期间

在审查债务人的重整申请期间，可以及时组织申请人、被申请人召开听证会，听取他们对债务人经营情况的判断和对债务人实施重整的意见，从而使人民法院更准确的判断债务人是否具有重整的可能和希望。

三、法院裁定破产重整后的重整期间

1. 重整期间

人民法院裁定破产重整之日起至重整程序终止，为重整期间。

2. 重整期间的相关权利

一是重整期间经营管理权限回归。经债务人申请，人民法院批准，债务人可以在管理人监督下自行管理财产和营业事务；管理人经申请后应移交所管理的财产和营业事务。

二是担保权和取回权的规定。重整期间，对债务人特定财产的担保权暂停行使（如果担保为有损害或价值明显减少足以危害担保权利人权利的，可以向人民法院请求恢复执行）；债务人合法占有他人财产，该财产的权利人在重整期间要求取回的，应当符合事先约定的条件。

三是股权转让的限制。债务人出资人不得请求投资收益分配；除经人民法院同意，董监高不得向第三人转让所持股权。

四是继续经营下债权清偿。破产申请受理后，经债权人会议决议通过，或者第一次债权人会议召开前经人民法院许可，管理人或者自行管理的债务人可以为债务人继续营业而借款。提供借款的债权人主张参照共益债务中债务人继续营业而应支付的劳动报酬和社会保险费用以及由此产生的其他债务优先于普通破产债权清偿的，人民法院应予支持，但其主张优先于此前已就债务人特定财产享有担保的债权清偿的，人民法院不予支持。

五是保证人与债务人权利职责。保证人被裁定进入破产程序的，债权人有权申报其对保证人的保证债权。主债务未到期的，保证债权在保证人破产申请受理时视为到期。一般保证的保证人主张行使先诉抗辩权的，人民法院不予支持，但债权人在一般保证人破产程序中的分配额应予提存，待一般保证人应承担的保证责任确定后再按照破产清偿比例予以分配。债务人、保证人均被裁定进入破产程序的，债权人有权向债务人、保证人分别申报债权。债权人向债务人、保证人均申报全部债权的，从一方破产程序中获得清偿后，其对另一方的债权额不做调整，但债权人的受偿额不得超出其债权总额。保证人履行保证责任后不再享有求偿权。

六是重大财产处置权利。管理人处分涉及土地、房屋等不动产权益转让；探矿权、采矿权、知识产权等财产权转让；全部库存或者营业的转让；借款；设定财产担保；

债权和有价证券转让；履行债务人和对方当事人均未履行完毕的合同；放弃权利；担保物的取回；对债权人利益有重大影响的其他财产处分，应当事先制作财产管理或者变价方案并提交债权人会议进行表决，债权人会议表决未通过的，管理人不得处分。管理人实施处分前，应当提前十日书面报告债权人委员会或者人民法院。债权人委员会可以要求管理人对处分行为做出相应说明或者提供有关文件依据。债权人委员会认为管理人实施的处分行为不符合债权人会议通过的财产管理或变价方案的，有权要求管理人纠正。管理人拒绝纠正的，债权人委员会可以请求人民法院做出决定。人民法院认为管理人实施的处分行为不符合债权人会议通过的财产管理或变价方案的，应当责令管理人停止处分行为。管理人应当予以纠正，或者提交债权人会议重新表决通过后实施。

3. 重整期间法律后果

一是人民法院受理破产申请后，有关债务人财产的保全措施应当解除，执行程序应当终止。

二是有关债务人的民事诉讼，只能向受理破产申请的人民法院提起。

三是重整期间经债务人申请，人民法院批准，债务人可以在管理人的监督下自行管理财产和营业事务。

四是债务人的董事、监事、高级管理人员不得向第三人转让其持有的债务人的股权，但是经人民法院同意的除外。

四、破产程序的终止

符合《破产法》第七十八条规定的，人民法院应当裁定终止重整程序，并宣告债务人破产：债务人的经营状况和财产状况继续恶化，缺乏挽救的可能性；债务人有欺诈、恶意减少债务人财产或者其他显著不利于债权人的行为；由于债务人的行为致使管理人无法执行职务。

五、重整计划的执行

重整计划获得通过后，法院裁定终止执行程序，案件进入重整计划的执行。重整计划的执行还需注意以下三个问题：

一是重整计划由债务人负责执行。二是管理人监督重整计划的执行。三是债权人未依照本法规定申报债权的，在重整计划执行期间不得行使权利；在重整计划执行完毕后，可以按照重整计划规定的同类债权的清偿条件行使权利。

六、重整计划执行的法律后果

一是重整计划没有完全执行。债务人不能执行重整计划的，人民法院经管理人或利害关系人请求，应当裁定终止重整计划的执行，并宣告债务人破产，人民法院裁定终结重整计划执行的，债权人在重整计划中做出的债权调整的承诺失去效力。

从《破产法》的相关规定看，企业破产重整的条件是较为严格的，从破产重整期间到重整计划的执行，如无法达成或实施重整计划，重整程序都将终止直接转向破产清算。而由破产重整转至破产清算的案件，因已经经历过破产重整，从节约司法资源追求司法效率的角度，将不能再转至破产重整程序。

二是重整计划执行完毕。召开管理人会议，对提交法院报告和申请终结破产程序的议案进行审议，向法院申请终结破产程序。

【关联法条】

《中华人民共和国企业破产法》

第七十条　债务人或者债权人可以依照本法规定，直接向人民法院申请对债务人进行重整。

债权人申请对债务人进行破产清算的，在人民法院受理破产申请后、宣告债务人破产前，债务人或者出资额占债务人注册资本十分之一以上的出资人，可以向人民法院申请重整。人民法院受理破产申请后至破产宣告前，经审查发现债务人不符合本法第二条规定情形的，可以裁定驳回申请。申请人对裁定不服的，可以自裁定送达之日起十日内向上一级人民法院提起上诉。

第七十一条　人民法院经审查认为重整申请符合本法规定的，应当裁定债务人重整，并予以公告。

第七十二条　自人民法院裁定债务人重整之日起至重整程序终止，为重整期间。

第七十三条　在重整期间，经债务人申请，人民法院批准，债务人可以在管理人的监督下自行管理财产和营业事务。

有前款规定情形的，依照本法规定已接管债务人财产和营业事务的管理人应当向债务人移交财产和营业事务，本法规定的管理人的职权由债务人行使。

第七十八条　在重整期间，有下列情形之一的，经管理人或者利害关系人请求，人民法院应当裁定终止重整程序，并宣告债务人破产：

（一）债务人的经营状况和财产状况继续恶化，缺乏挽救的可能性；

（二）债务人有欺诈、恶意减少债务人财产或者其他显著不利于债权人的行为；

（三）由于债务人的行为致使管理人无法执行职务。

第七十九条　债务人或者管理人应当自人民法院裁定债务人重整之日起六个月内，同时向人民法院和债权人会议提交重整计划草案。

前款规定的期限届满，经债务人或者管理人请求，有正当理由的，人民法院可以裁定延期三个月。

债务人或者管理人未按期提出重整计划草案的，人民法院应当裁定终止重整程序，并宣告债务人破产。

第八十条　债务人自行管理财产和营业事务的，由债务人制作重整计划草案。

管理人负责管理财产和营业事务的，由管理人制作重整计划草案。

第八十一条　重整计划草案应当包括下列内容：

（一）债务人的经营方案；

（二）债权分类；

（三）债权调整方案；

（四）债权受偿方案；

（五）重整计划的执行期限；

（六）重整计划执行的监督期限；

（七）有利于债务人重整的其他方案。

第八十二条　下列各类债权的债权人参加讨论重整计划草案的债权人会议，依照下列债权分类，分组对重整计划草案进行表决：

（一）对债务人的特定财产享有担保权的债权；

（二）债务人所欠职工的工资和医疗、伤残补助、抚恤费用，所欠的应当划入职工个人账户的基本养老保险、基本医疗保险费用，以及法律、行政法规规定应当支付给职工的补偿金；

（三）债务人所欠税款；

（四）普通债权。

人民法院在必要时可以决定在普通债权组中设小额债权组对重整计划草案进行表决。

第八十三条　重整计划不得规定减免债务人欠缴的本法第八十二条第一款第二项规定以外的社会保险费用；该项费用的债权人不参加重整计划草案的表决。

第八十四条　人民法院应当自收到重整计划草案之日起三十日内召开债权人会议，对重整计划草案进行表决。

出席会议的同一表决组的债权人过半数同意重整计划草案，并且其所代表的债权额占该组债权总额的三分之二以上的，即为该组通过重整计划草案。

债务人或者管理人应当向债权人会议就重整计划草案做出说明，并回答询问。

第八十五条　债务人的出资人代表可以列席讨论重整计划草案的债权人会议。

重整计划草案涉及出资人权益调整事项的，应当设出资人组，对该事项进行表决。

第八十六条　各表决组均通过重整计划草案时，重整计划即为通过。

自重整计划通过之日起十日内，债务人或者管理人应当向人民法院提出批准重整计划的申请。人民法院经审查认为符合本法规定的，应当自收到申请之日起三十日内裁定批准，终止重整程序，并予以公告。

第八十七条　部分表决组未通过重整计划草案的，债务人或者管理人可以同未通过重整计划草案的表决组协商。该表决组可以在协商后再表决一次。双方协商的结果不得损害其他表决组的利益。

未通过重整计划草案的表决组拒绝再次表决或者再次表决仍未通过重整计划草案，但重整计划草案符合下列条件的，债务人或者管理人可以申请人民法院批准重整计划草案：

（一）按照重整计划草案，本法第八十二条第一款第一项所列债权就该特定财产将获得全额清偿，其因延期清偿所受的损失将得到公平补偿，并且其担保权未受到实质性损害，或者该表决组已经通过重整计划草案；

（二）按照重整计划草案，本法第八十二条第一款第二项、第三项所列债权将获得全额清偿，或者相应表决组已经通过重整计划草案；

（三）按照重整计划草案，普通债权所获得的清偿比例，不低于其在重整计划草案被提请批准时依照破产清算程序所能获得的清偿比例，或者该表决组已经通过重整计划草案；

（四）重整计划草案对出资人权益的调整公平、公正，或者出资人组已经通过重整计划草案；

（五）重整计划草案公平对待同一表决组的成员，并且所规定的债权清偿顺序不违反本法第一百一十三条的规定；

（六）债务人的经营方案具有可行性。

人民法院经审查认为重整计划草案符合前款规定的，应当自收到申请之日起三十日内裁定批准，终止重整程序，并予以公告。

第八十八条　重整计划草案未获得通过且未依照本法第八十七条的规定获得批准，或者已通过的重整计划未获得批准的，人民法院应当裁定终止重整程序，并宣告债务人破产。

第八十九条　重整计划由债务人负责执行。

人民法院裁定批准重整计划后，已接管财产和营业事务的管理人应当向债务人移交财产和营业事务。

第九十条　自人民法院裁定批准重整计划之日起，在重整计划规定的监督期内，由管理人监督重整计划的执行。

在监督期内，债务人应当向管理人报告重整计划执行情况和债务人财务状况。

第九十一条　监督期届满时，管理人应当向人民法院提交监督报告。自监督报告提交之日起，管理人的监督职责终止。

管理人向人民法院提交的监督报告，重整计划的利害关系人有权查阅。

经管理人申请，人民法院可以裁定延长重整计划执行的监督期限。

第九十二条　经人民法院裁定批准的重整计划，对债务人和全体债权人均有约束力。

债权人未依照本法规定申报债权的，在重整计划执行期间不得行使权利；在重整计划执行完毕后，可以按照重整计划规定的同类债权的清偿条件行使权利。

债权人对债务人的保证人和其他连带债务人所享有的权利，不受重整计划的影响。

第九十三条　债务人不能执行或者不执行重整计划的，人民法院经管理人或者利害关系人请求，应当裁定终止重整计划的执行，并宣告债务人破产。

人民法院裁定终止重整计划执行的，债权人在重整计划中做出的债权调整的承诺失去效力。债权人因执行重整计划所受的清偿仍然有效，债权未受清偿的部分作为破产债权。

前款规定的债权人，只有在其他同顺位债权人同自己所受的清偿达到同一比例时，才能继续接受分配。

有本条第一款规定情形的，为重整计划的执行提供的担保继续有效。

【案例评析】

贵阳市白云区人民法院积极与贵州省能源局、投促局、当地政府沟通，在多方努力下，该企业名下大方加气站项目投资建设重新启动。该企业经营能力得到恢复后，几十名员工就业得到保障，近 4 000 万元的税收债权将得到全额清偿。债权清偿比例从原本的 16.23% 大幅提高到 67.8%，实现了企业、债权人和投资人等多方共赢。

第三节　破产和解

【案例介绍】

一、基本案情

YF 商业管理有限公司（简称"YF 公司"）以不能清偿到期债务，且明显缺乏清偿能力为由，向安顺市平坝区人民法院申请破产清算，人民法院裁定受案。

案例来源：（2021）黔 04 破 1。

二、诉讼过程

法院受理案件后，YF 公司股东向法院提出和解申请并提交和解草案，法院于 2021 年 11 月 23 日做出（2021）黔 04 破 1-2 号《民事裁定书》，裁定 YF 商业管理有限公司由破产清算程序转为破产和解程序，并指定管理人。2021 年 11 月 25 日，管理人按第一次债权人会议审议通过的《关于 YF 商业管理有限公司可召开网络债权人会议及通过电子形式行使表决权的方案》将债务人提交的《和解协议（草案）》提交经本院裁定确认的 94 户无异议债权人进行表决。表决结果为同意和解协议 56 票，不同意和解协议 15 票，弃权 23 票，同意和解协议的债权人人数占有表决权的债权人的 59.57%，同意和解协议的债权人所代表的债权额约占无财产担保债权总额的 94.34%。管理人向法院申请认可该协议，经法院审查，债务人提交的和解协议已通过合法程序由本院已裁定确认的 94 户无异议债权人过半数通过且其所代表的债权额占无财产担保债权总额的三分之二以上，依法应认定该和解协议通过，裁定认可 YF 商业管理有限公司和解协议；终止 YF 商业管理有限公司和解程序。

【争议问题】

1. YF 公司是否具备破产原因？
2. 本案是否可由破产清算程序转为破产和解程序？
3. 破产和解协议效力如何？

【理论知识】

破产和解，是指债务人在出现破产原因时，与债权人会议就债务清偿达成协议，经法院审查认可后中止破产程序，避免破产清算的法律制度。

和解制度的目的主要在于避免破产发生，给债务人以重整事业的机会。与一般民事和解不同，破产和解是强制性的和解，即只要债权人会议以法定多数通过和解协议，对少数持反对意见的债权人也有法律效力。

一、破产和解申请

1. 提出主体

债务人在被受理破产申请后、被宣告破产前向法院申请，且在申请时应当提出和解协议的草案，由法院初步审查认为符合《破产法》规定的，裁定和解，并将和解方案提交债权人会议表决，表决通过的，再提交人民法院裁定对和解方案予以认可。但对于财产性担保的债权，不发生效力，财产性担保债权可自和解之日起独立行使权利。

2. 提出时间

债务人在被受理破产申请后、被宣告破产前。

3. 实质条件

提出和解申请的债务人必须具备破产原因。

4. 申请文件的提交

和解申请及和解计划草案。

二、人民法院对和解协议的审查

不论是破产宣告前的和解还是破产宣告后的和解，债务人提出和解申请后，和解程序并不当然开始，还必须经过法院对和解申请的审查并裁定，和解程序才得以开始。法院除了对前述债务人提出的和解申请的形式要件和实质要件进行审查外，还须审查以下两方面的内容。

1. 是否存在和解的障碍

和解的障碍主要包括重整申请或重整程序。如果同时存在重整申请和和解申请时，法院应受理重整申请，而不得开始和解程序。如果重整程序已经开始，和解程序也不得开始。债务人有破产欺诈行为，债权人会议已经否决和解或法院已经做出和解撤销裁定时债务人再次提出和解申请，法院应驳回其申请。

2. 和解协议草案的内容

如和解协议草案的内容违反法律规定或债权人的一般利益，或者明显不可能履行时，法院不应认可和解协议。

3. 和解程序的开始

法院经过审查，如认为债务人提出的和解申请符合和解程序开始的条件，应当裁定许可进行和解程序正式开始。

三、和解的成立

债权人会议通过和解协议的决议，由出席会议的有表决权的债权人过半数同意，并且其所代表的债权额占无财产担保债权总额的三分之二以上。

职工债权、国家因企业所欠税款而享有的债权以及因社会保险机构的债权不属于和解债权。对于破产企业所欠职工债权，双方依据劳动法律法规另行协商解决。对于所欠税款，可向国家申请予以减免或延期偿还，由国家税务机关根据实际情况决定。

债权人会议通过和解协议的，应当提交法院批准。

四、破产和解协议的效力

1. 和解失败

债务人与债权人会议破产和解失败的，人民法院应当裁定终止和解程序，并宣告债务人破产。

2. 和解生效

债务人与债权人会议通过破产和解方案的，不仅对债权人会议中同意和解方案的表决人有约束力，对已申报及未申报全体和解债权人（含投反对票表决人）也均有约束力，但对和解债权人对债务人的保证人和其他连带债务人所享有的权利，不受和解协议的影响。

五、破产和解生效的后果

1. 对于不正当行为成立的和解

对于债务人的欺诈或者其他违法行为而成立的和解协议，人民法院应当裁定无效，并宣告债务人破产，对于其他债权人清偿部分的同等范围内，不予返还。

2. 和解协议生效后，债务人无法履行的

法院应当裁定终止和解，并宣告债务人破产，对于其他债权人已清偿部分不予退还，但后续需受偿到同一比例后，才继续受偿，在破产和解过程中增加的担保，继续有效。

3. 和解协议履行完毕

和解协议履行完毕后，债务人不再承担和解协议以外的债务。

【关联法条】

《中华人民共和国企业破产法》

第九十五条　债务人可以依照本法规定，直接向人民法院申请和解；也可以在人民法院受理破产申请后、宣告债务人破产前，向人民法院申请和解。

债务人申请和解，应当提出和解协议草案。

第九十六条　人民法院经审查认为和解申请符合本法规定的，应当裁定和解，予以公告，并召集债权人会议讨论和解协议草案。

对债务人的特定财产享有担保权的权利人，自人民法院裁定和解之日起可以行使权利。

第九十七条　债权人会议通过和解协议的决议，由出席会议的有表决权的债权人过半数同意，并且其所代表的债权额占无财产担保债权总额的三分之二以上。

第九十八条　债权人会议通过和解协议的，由人民法院裁定认可，终止和解程序，并予以公告。管理人应当向债务人移交财产和营业事务，并向人民法院提交执行职务的报告。

第九十九条　和解协议草案经债权人会议表决未获得通过，或者已经债权人会议通过的和解协议未获得人民法院认可的，人民法院应当裁定终止和解程序，并宣告债务人破产。

第一百条　经人民法院裁定认可的和解协议，对债务人和全体和解债权人均有约束力。

和解债权人是指人民法院受理破产申请时对债务人享有无财产担保债权的人。

和解债权人未依照本法规定申报债权的，在和解协议执行期间不得行使权利；在和解协议执行完毕后，可以按照和解协议规定的清偿条件行使权利。

第一百零一条　和解债权人对债务人的保证人和其他连带债务人所享有的权利，不受和解协议的影响。

第一百零二条　债务人应当按照和解协议规定的条件清偿债务。

第一百零三条　因债务人的欺诈或者其他违法行为而成立的和解协议，人民法院应当裁定无效，并宣告债务人破产。

有前款规定情形的，和解债权人因执行和解协议所受的清偿，在其他债权人所受清偿同等比例的范围内，不予返还。

第一百零四条　债务人不能执行或者不执行和解协议的，人民法院经和解债权人请求，应当裁定终止和解协议的执行，并宣告债务人破产。

人民法院裁定终止和解协议执行的，和解债权人在和解协议中做出的债权调整的承诺失去效力。和解债权人因执行和解协议所受的清偿仍然有效，和解债权未受清偿的部分作为破产债权。

前款规定的债权人，只有在其他债权人同自己所受的清偿达到同一比例时，才能继续接受分配。

有本条第一款规定情形的，为和解协议的执行提供的担保继续有效。

第一百零五条　人民法院受理破产申请后，债务人与全体债权人就债权债务的处理自行达成协议的，可以请求人民法院裁定认可，并终结破产程序。

第一百零六条　按照和解协议减免的债务，自和解协议执行完毕时起，债务人不再承担清偿责任。

人民法院受理破产申请后至破产宣告前，经审查发现债务人不符合本法第二条规定情形的，可以裁定驳回申请。申请人对裁定不服的，可以自裁定送达之日起十日内向上一级人民法院提起上诉。

【案例评析】

该案系破产清算转破产和解的成功案例，有效处理了 400 余户业主、租户债权，化解众多业主、租户之间与 YF 公司之间的积怨纠纷。将普通业主、租户债权人的清偿率从 0 提升至平均 60%，稳定了业主、租户，保住了市场，护航当地经济高质量发展。

第四节 破产清算

【案例介绍】

一、基本案情

HR 投资有限公司（以下简称"HR 公司"）系由 WJ 水电开发有限责任公司（国有）（以下简称"WJ 公司"）与 SJHR 投资有限公司（民营）各持股 51%、49%组成的混合制企业，设立于 2007 年 9 月 3 日，主要经营煤炭开采、销售等，下属 24 对煤矿。因国家产业调整、市场环境、股东之间诉讼、股东涉嫌犯罪等因素，该企业于 2013 年起停产。因 HR 公司共欠付 WJ 公司到期债务 1 408 410 000.00 元且在 2018 年 7 月 WJ 公司向 HR 公司送达"催收通知书"，要求华电 HR 公司偿还到期债权后，华电 HR 公司在该通知书上表明欠款属实，但无力偿还。WJ 公司以债务人华电 HR 公司不能清偿到期债务为由向安顺市中级人民申请对进行破产清算。

案例来源：（2018）黔 04 破 4 号。

二、诉讼过程

安顺市中级人民法院裁定受理破产清算申请后，指定管理人，管理人经清产核资确认 HR 公司至 2019 年 9 月 17 日的资产预估值为 978 961 794.65 元，包括账面资产、土地、22 对煤矿、机械设备、车辆、办公用品、对外投资及债权等；经债权申报、核查确认债权为 3 306 338 723.04 元，已明显资不抵债，缺乏清偿能力，且其以采矿为主业的煤矿均已关闭或根据国家产业调整指标已转让，不具备市场经营条件和能力，法院以 HR 公司不能清偿到期债务，并且资产不足以清偿全部债务、明显缺乏清偿能力，裁定宣告 HR 公司破产。管理人制作了《贵州 HR 投资有限公司破产财产分配方案》，但该方案经债权人会议两次表决仍未通过，管理人向法院提出申请，法院裁定认可管理人制作的《贵州 HR 投资有限公司破产财产分配方案》。2021 年 5 月 26 日向法院提出申请，因债权人会议已表决通过《破产财产变价方案》并将变价款按《破产财产分配方案》进行了分配，已完成 HR 投资有限公司破产财产的分配，请求法院终结贵州 HR 投资有限公司破产程序。法院认为管理人已依法并按照债权人会议表决通过的各项方案完成了破产企业的财产清理、债权申报、财产变价、财产分配等工作，裁定终结贵州 HR 投资有限公司破产程序。

【争议问题】

1. HR 公司是否具备破产原因？
2. HR 公司是否具备宣告破产的要件？
3. WJ 公司是否具备申请破产的主体资格？

4. 管理人制作的《贵州 HR 投资有限公司破产财产分配方案》是否符合财产分配规则？是否符合法律规定？

5. HR 公司是否已完成破产企业的财产清理、债权申报、财产变价、财产分配等工作？

【理论知识】

破产清算程序是指当债务人存在不能清偿到期债务，并且资产不足以清偿全部债务或者明显缺乏清偿能力的情形时，即可申请对其进行清算，由债务人现有所有财产公平清偿给所有债权人后，剩余无法清偿的债务便全部免除，当该程序终结后，即可依法注销该企业。

破产清算程序是我国企业破产法规定的破产程序组成部分之一，与重整程序、和解程序共同构成独立的债权债务清理程序。

一、破产清算申请

1. 申请主体

破产清算的申请主体有债务人、债权人、依法负有清算责任的人三类。

2. 申请材料

（1）债务人申请所需材料。

破产清算申请书；债务人的主体资格证明；债务人的股东会、董事会、主管部门或投资人同意其破产的文件；债务人的职工名单、工资清册、社保清单及职工安置预案；债务人的资产负债表、资产评估报告或审计报告；债务人至破产申请日的资产状况明细表；债务人的债权、债务及担保情况表；债务人所涉诉讼、仲裁、执行情况及相关法律文书；法院认为应当提交的其他材料。

（2）债权人申请债务人破产清算所需材料。

破产清算申请书；申请人的主体资格证明、营业执照副本、组织机构代码证及其他身份证明；债务人的主体资格证明和最新工商登记材料；债务人不能清偿申请人到期债务的证据（包括但不限于债务人履行期限已满的合同、胜诉判决书、终本裁定书）；法院认为应当提交的其他材料。

（3）依法负有清算责任的人申请债务人破产清算所需材料。

破产清算申请书；清算责任人的基本情况或者清算组成立的文件；债务人的主体资格证明；债务人资产不足以清偿债务的证据，其中，债务人未经清算的，应提交：①债务人的资产负债表、资产评估报告或审计报告；②债务人至破产申请日的资产状况明细表。包括有形资产、无形资产及对外投资情况等；③债务人的债权、债务及担保情况表。债务人经过清算的，应提交清算报告。

3. 管辖法院

在地域管辖上，破产案件由债务人的住所地人民法院管辖。

在级别管辖上，基层法院一般管辖县、县级市或者区的工商行政管理机关核准登记企业的破产案件。中级人民法院一般管辖地区、地级（含本级）以上市工商行政管理机关核准登记企业的破产案件。纳入国家计划调整的企业破产案件，由中级人民法院管辖。

4. 诉讼费用

无论是债权人、债务人还是依法负有清算责任的人申请破产清算都无须先行交纳案件受理费等诉讼费用，诉讼费用将在法院受理破产清算案件之后，由债务人财产优先清偿。

二、破产清算案件受案后流程

1. 受理及指定管理人

对于债权人、债务人等法定主体提出的破产申请材料，人民法院立案部门应一律接受并出具书面凭证，立案部门经审查认为申请人提交的材料符合法律规定的，应以"破申"作为案件类型代字编制案号，予以登记立案。当企业不能清偿到期债务，并且资产不足以清偿全部债务或者明显缺乏清偿能力的，人民法院应当受理破产清算申请，同时指定管理人。

2. 开展清算工作

在人民法院受理破产清算申请并指定管理人后，清算工作主要由管理人负责，其主要包括：①管理人接管工作，管理人应接管债务人的财产、印章、账簿、文书等资料；②召开债权人会议，债权人会议的主要职权包括核查债权、监督管理人、通过债务人财产的管理人方案、通过破产财产变价方案、通过破产财产分配方案；③债权申报与审核、确认；④债务人基本情况调查；⑤财产调查与追收；⑥对债务人进行审计、评估；⑦参加与破产案件相关的衍生诉讼。

3. 宣告破产

（1）破产宣告申请主体。

管理人在完成上述清算工作，经债权审核确认和必要的审计、资产评估后发现债务人不能清偿到期债务且资产不足以清偿全部债务的，应及时向法院提出宣告破产的申请。

（2）破产宣告的做出主体。

人民法院。

（3）破产宣告的要件。

债务人具备破产能力且具备破产原因，且不能通过和解、重整、提供担保等措施消除。

（4）破产宣告的执行。

财产分配在法院宣告债务人破产后，管理人应当及时拟订破产财产变价方案，提交债权人会议讨论，破产财产变价方案通过后，适时拍卖出售破产财产。管理人应当及时拟订破产财产分配方案对拍卖破产财产所得的价款进行分配，破产财产分配方案需经债权人会议表决通过，并经法院裁定认可后由管理人执行。

4. 破产财产的计算、分配和受领与提存

破产财产的分配原则是以货币分配为主兼以实物分配。

（1）破产财产的计算。

破产变价：破产变价指管理人将非金钱的破产财产，通过合法方式加以出让，使其能货币偿付。

破产财产的估价：处理破产财产前，管理人应当委托具有相应评估资质的资产评估机构对破产财产进行评估。债权人或债务人对估价有疑问的，管理人应当予以说明。

破产财产变价方案：破产财产变价方案指管理人变价破产财产的计划或者安排，构成管理人变价破产财产的依据。破产财产变价方案，应当规定估定的待定变价的财产价值总量财产类别、分项财产的价值和坐落、变价财产的原则和方式、变价地点和预计时间变价费用和支付等有关财产变价的内容。在破产宣告后，管理人应当及时拟定破产财产变价方案，提交债权人会议讨论。如果债权人会议二次表决没有通过，则由人民法院裁定。这样规定的目的在于防止因债权人会议多次表决无果而使破产程序长期拖延，从而导致程序成本增加和债权人利益受损。管理人应当按照债权人会议通过的或者人民法院依法裁定的破产财产变价方案，适时变价出售破产财产。

破产变价的方式变价出售破产财产应当通过拍卖方式进行，但债权人会议另有决议的除外。

破产财产变价的监督：破产财产变价的监督指管理人对债务人财产的管理和处分受债权人委员会的监督。

（2）破产财产的分配。

破产财产的分配指管理人将变价后的破产财产，依照法律规定的债权清偿顺序和案件实际情况决定的受偿比例向债权人进行清偿的过程。破产分配是破产清算的最后阶段和实质性的阶段。破产分配结束是破产程序终结的原因。

破产分配特征：①破产分配是依法定顺位进行的公平分配；②破产分配由管理人负责实施；③破产分配以存在可供分配的破产财产为必要。破产人无财产可供分配时，人民法院将裁定终结破产程序。

破产分配顺位：依《破产法》的规定，第一顺位为劳动债权；第二顺位为社会保险费用请求权和国家税收；第三顺位为破产债权。受破产分配的请求权，分为优先顺位请求权和破产债权，依据《破产法》第一百一十三条的规定，优先顺位请求权和破产债权唯在破产财产优先拨付破产费用和共益债务后，才能够依法定的清偿顺位接受分配破产费用是为债权人的共同利益而于破产程序中支付的各种费用，包括管理人管理、变价、分配破产财产所需要的费用，破产案件的诉讼费用，管理人聘任工作人员的必要费用等。共益债务则为管理人出于债权人的共同利益管理破产财产而负担的债务。管理人在已经拨付或者预先提留供清偿破产费用和共益债务的财产后，仍有剩余财产可供破产分配的，则按照破产分配的顺位予以分配。破产财产不足以清偿同一顺序的清偿要求的，按照比例分配。

（3）破产财产的分配方案。

制备主体：管理人。

生效方式：经债权人会议通过。

破产分配方案的实施：经法院裁定的破产财产分配方案，具有强制执行的效力，管理人和债权人会议均不得予以更改。经人民法院裁定认可后的破产财产分配方案，由管理人执行。破产分配不限于一次分配，管理人可以按照破产财产分配方案实施多次分配。不管管理人实施一次分配还是多次分配，都应当在破产财产分配方案中明示或者说明。管理人在破产财产分配方案中承诺实施多次分配的，应当列明在最终分配前实施破产分配的次数各次分配的时间和地点，尤其是要列明实施初次分配和最终分配的时间和地点。

（4）破产财产的受领与提存。

债权人未受领的分配额，由管理人负责提存。提存期限为最后分配公告日后两个月；该期限届满，仍不受领的，视为破产债权人放弃受领的权利。

破产分配中的提存，指管理人在执行破产分配时因为存在某种法律上或事实上的障碍，依法将给付标的物交给提存机关或者人民法院指定的机构，以留待进一步处理的制度。破产分配中的提存主要包括下列三种情况：第一，附条件债权的提存。对于附生效条件或者解除条件的债权，管理人应当将其分配额提存。由此提存的分配额，在最后分配公告日，生效条件未成就或者解除条件成就的，应当分配给其他债权人；生效条件成就或者解除条件未成就的，应当交付给债权人。第二，未受领分配额的提存。对于债权人未受领的破产财产分配额，管理人应当提存。债权人自最后分配公告之日起满两个月仍不领取的，视为放弃受领分配的权利，管理人或者人民法院应当将提存的分配额分配给其他债权人。第三，诉讼未决债权的提存。破产财产分配时，对于诉讼或者仲裁未决的债权管理人应当将其分配额提存。自破产程序终结之日起满两年仍不能受领分配的，人民法院应当将提存的分配额分配给其他债权人。

5. 终结破产程序

管理人在最后分配完结后，应当及时向人民法院提交破产财产分配报告，并提请人民法院裁定终结破产程序。人民法院裁定终结破产程序的，管理人持人民法院终结破产程序的裁定，向破产人的原登记机关办理注销登记。至此，被申请破产清算的企业完全退出市场。

【关联法条】

《中华人民共和国企业破产法》

第一百零七条　人民法院依照本法规定宣告债务人破产的，应当自裁定做出之日起五日内送达债务人和管理人，自裁定做出之日起十日内通知已知债权人，并予以公告。

债务人被宣告破产后，债务人称为破产人，债务人财产称为破产财产，人民法院受理破产申请时对债务人享有的债权称为破产债权。

第一百零八条　破产宣告前，有下列情形之一的，人民法院应当裁定终结破产程序，并予以公告：

（一）第三人为债务人提供足额担保或者为债务人清偿全部到期债务的；

（二）债务人已清偿全部到期债务的。

第一百零九条　对破产人的特定财产享有担保权的权利人，对该特定财产享有优先受偿的权利。

第一百一十条　享有本法第一百零九条规定权利的债权人行使优先受偿权利未能完全受偿的，其未受偿的债权作为普通债权；放弃优先受偿权利的，其债权作为普通债权。

第一百一十一条　管理人应当及时拟订破产财产变价方案，提交债权人会议讨论。

管理人应当按照债权人会议通过的或者人民法院依照本法第六十五条第一款规定裁定的破产财产变价方案，适时变价出售破产财产。

第一百一十二条　变价出售破产财产应当通过拍卖进行。但是，债权人会议另有决议的除外。

破产企业可以全部或者部分变价出售。企业变价出售时，可以将其中的无形资产和其他财产单独变价出售。

按照国家规定不能拍卖或者限制转让的财产，应当按照国家规定的方式处理。

第一百一十三条　破产财产在优先清偿破产费用和共益债务后，依照下列顺序清偿：

（一）破产人所欠职工的工资和医疗、伤残补助、抚恤费用，所欠的应当划入职工个人账户的基本养老保险、基本医疗保险费用，以及法律、行政法规规定应当支付给职工的补偿金；

（二）破产人欠缴的除前项规定以外的社会保险费用和破产人所欠税款；

（三）普通破产债权。

破产财产不足以清偿同一顺序的清偿要求的，按照比例分配。

破产企业的董事、监事和高级管理人员的工资按照该企业职工的平均工资计算。

第一百一十四条　破产财产的分配应当以货币分配方式进行。但是，债权人会议另有决议的除外。

第一百一十五条　管理人应当及时拟订破产财产分配方案，提交债权人会议讨论。

破产财产分配方案应当载明下列事项：

（一）参加破产财产分配的债权人名称或者姓名、住所；

（二）参加破产财产分配的债权额；

（三）可供分配的破产财产数额；

（四）破产财产分配的顺序、比例及数额；

（五）实施破产财产分配的方法。

债权人会议通过破产财产分配方案后，由管理人将该方案提请人民法院裁定认可。

第一百一十六条　破产财产分配方案经人民法院裁定认可后，由管理人执行。

管理人按照破产财产分配方案实施多次分配的，应当公告本次分配的财产额和债权额。管理人实施最后分配的，应当在公告中指明，并载明本法第一百一十七条第二款规定的事项。

第一百一十七条　对于附生效条件或者解除条件的债权，管理人应当将其分配额提存。

管理人依照前款规定提存的分配额，在最后分配公告日，生效条件未成就或者解除条件成就的，应当分配给其他债权人；在最后分配公告日，生效条件成就或者解除条件未成就的，应当交付给债权人。

第一百一十八条　债权人未受领的破产财产分配额，管理人应当提存。债权人自最后分配公告之日起满二个月仍不领取的，视为放弃受领分配的权利，管理人或者人民法院应当将提存的分配额分配给其他债权人。

第一百一十九条　破产财产分配时，对于诉讼或者仲裁未决的债权，管理人应当将其分配额提存。自破产程序终结之日起满二年仍不能受领分配的，人民法院应当将提存的分配额分配给其他债权人。

第一百二十条　破产人无财产可供分配的，管理人应当请求人民法院裁定终结破产程序。

管理人在最后分配完结后，应当及时向人民法院提交破产财产分配报告，并提请人民法院裁定终结破产程序。

人民法院应当自收到管理人终结破产程序的请求之日起十五日内做出是否终结破产程序的裁定。裁定终结的，应当予以公告。

第一百二十一条　管理人应当自破产程序终结之日起十日内，持人民法院终结破产程序的裁定，向破产人的原登记机关办理注销登记。

第一百二十二条　管理人于办理注销登记完毕的次日终止执行职务。但是，存在诉讼或者仲裁未决情况的除外。

第一百二十三条　自破产程序依照本法第四十三条第四款或者第一百二十条的规定终结之日起二年内，有下列情形之一的，债权人可以请求人民法院按照破产财产分配方案进行追加分配：

（一）发现有依照本法第三十一条、第三十二条、第三十三条、第三十六条规定应当追回的财产的；

（二）发现破产人有应当供分配的其他财产的。

有前款规定情形，但财产数量不足以支付分配费用的，不再进行追加分配，由人民法院将其上交国库。

第一百二十四条　破产人的保证人和其他连带债务人，在破产程序终结后，对债权人依照破产清算程序未受清偿的债权，依法继续承担清偿责任。

【案例评析】

本案通过破产程序的清理，回收破产财产变现款约 9.02 亿元；裁定确认各类债权 864 笔共计 29.8 亿元，债权组成主要是地灾受损债权（545 笔）、环保恢复治理债权（3 笔）、职工债权（111 笔），其余为普通债权，前三项债权清偿比例为 100%，普通债权清偿比例为 24.1%（不包括劣后债权）；完成了 24 对煤矿的闭坑和关闭；与当地政府完成了遗留资产的移交；交纳了欠缴税费，完成了煤矿、公司的注销登记。达到了生态恢复治理债权、地灾受损债权、税款、职工债权、担保债权本金 100% 受偿，同时兼顾了各方债权回收，取得了良好的社会效果，一次性解决了民生、涉绿色环保合法权利的保护，保护了人民群众的生产生活安全，取得了良好的社会效果和生态效果。

第七章

商事纠纷解决

第一节　诉讼

【案例介绍】

广州 YY 集团有限公司（以下简称"YY 集团"）是第 626155 号、3980709 号、9095940 号"WLJ"系列注册商标的商标权人。上述商标核定使用的商品种类均为第 32 类：包括无酒精饮料、果汁、植物饮料等。1995 年 3 月 28 日、9 月 14 日，HD 集团有限公司（以下简称"HD 集团"）与 YC 药业股份有限公司 WLJ 食品饮料分公司分别签订《商标使用许可合同》和《商标使用许可合同补充协议》，取得独家使用第 626155 号商标生产销售带有"WLJ"三个字的红色纸包装和罐装清凉茶饮料的使用权。1997 年 6 月 14 日，CHD 被国家专利局授予《外观设计专利证书》，获得外观设计名称为"罐帖"的"WLJ"外观设计专利。2000 年 5 月 2 日，YY 集团（许可人）与 HD 集团（被许可人）签订《商标许可协议》，约定许可人授权被许可人使用第 626155 号"WLJ"注册商标生产销售红色罐装及红色瓶装 WLJ 凉茶。被许可人未经许可人书面同意，不得将该商标再许可其他第三者使用，但属被许可人投资（包括全资或合资）的企业使用该商标时，不在此限，但需知会许可人；许可人除自身及其下属企业已生产销售的绿色纸包装"WLJ"清凉茶外，许可人不得在第 32 类商品（饮料类）上使用"WLJ"商标或授权第三者使用"WLJ"商标，双方约定许可的性质为独占许可，许可期限自 2000 年 5 月 2 日至 2010 年 5 月 2 日止。1998 年 9 月，HD 集团投资成立 JDB 食品饮料有限公司，后更名为 JDB 饮料食品有限公司。JDB（中国）饮料有限公司（以下简称"JDB 中国公司"）成立于 2004 年 3 月，属于 JDB 集团关联企业。

此后，HD 集团及其关联公司通过长期多渠道的营销、公益活动和广告宣传，培育红罐"WLJ"凉茶品牌，并获得众多荣誉，如红罐"WLJ"凉茶饮料在 2003 年被广东省佛山市中级人民法院认定为知名商品，"WLJ"罐装凉茶的包装装潢被认定为知名商品包装装潢；罐装"WLJ"凉茶多次被有关行业协会等评为"最具影响力品牌"之一；根据中国行业企业信息发布中心的证明，罐装"WLJ"凉茶在2007—2012年度均获得市场销量或销售额的第一名等等。JDB中国公司成立后开始使用前述"WLJ"商标生产红色罐装凉茶（罐身对称两面从上至下印有"WLJ"商标）。

2012年5月9日，中国国际经济贸易仲裁委员会对YY集团与HD集团之间的商标许可合同纠纷做出终局裁决：（一）《"WLJ"商标许可补充协议》和《关于"WLJ"商标使用许可合同的补充协议》无效；（二）HD集团停止使用"WLJ"商标。

2012年5月25日，YY集团与WLJ大健康产业有限公司（以下简称"DJK公司"）签订《商标使用许可合同》，许可DJK公司使用第3980709号"WLJ"商标。DJK公司在2012年6月份左右，开始生产"WLJ"红色罐装凉茶。

2013年3月，DJK公司在重庆市几处超市分别购买到外包装印有"全国销量领先的红罐凉茶改名JDB"字样广告语的"JDB"红罐凉茶产品及标有"全国销量领先的红罐凉茶改名JDB"字样广告语的手提袋。根据重庆市公证处（2013）渝证字第17516号公证书载明，在"www. womai. com"中粮我买网网站上，有"JDB"红罐凉茶产品销售，在销售页面上，有"全国销量领先的红罐凉茶改名JDB"字样的广告宣传。根据（2013）渝证字第20363号公证书载明，在央视网广告频道VIP品牌俱乐部中，亦印有"全国销量领先的红罐凉茶改名JDB"字样的"JDB"红罐凉茶产品的广告宣传。2012年5月16日，人民网食品频道以"红罐WLJ改名'JDB'配方工艺均不变"为题做了报道。2012年5月18日，搜狐新闻以"红罐WLJ改名JDB"为题做了报道。2012年5月23日，中国食品报电子版以"JDB就是以前的WLJ"为题做了报道；同日，网易新闻也以"红罐'WLJ'正式更名'JDB'"为题做了报道，并标注信息来源于《北京晚报》。2012年6月1日，《中国青年报》以"JDB凉茶全国上市红罐WLJ正式改名"为题做了报道。

DJK公司认为，上述广告内容与客观事实不符，使消费者形成错误认识，请求确认JDB中国公司发布的包含涉案广告词的广告构成反不正当竞争法规定的不正当竞争，系虚假宣传，并判令立即停止发布包含涉案广告语或与之相似的广告词的电视、网络、报纸和杂志等媒体广告等。

重庆市第五中级人民法院于2014年6月26日做出（2013）渝五中法民初字第00345号民事判决：一、确认被告JDB中国公司发布的包含"全国销量领先的红罐凉茶改名JDB"广告词的宣传行为构成不正当竞争的虚假宣传行为；二、被告JDB中国公司立即停止使用并销毁、删除和撤换包含"全国销量领先的红罐凉茶改名JDB"广告词的产品包装和电视、网络、视频及平面媒体广告；三、被告JDB中国公司在本判决生效后十日内在《重庆日报》上公开发表声明以消除影响（声明内容须经本院审核）；四、被告JDB中国公司在本判决生效后十日内赔偿原告DJK公司经济损失及合理开支40万元；五、驳回原告DJK公司的其他诉讼请求。宣判后，JDB中国公司和DJK公司提出上诉。重庆市高级人民法院于2015年12月15日做出（2014）渝高法民终字第00318号民事判决，驳回上诉，维持原判。JDB中国公司不服，向最高人民法院申请再审。最高人民法院于2019年5月28日做出（2017）最高法民再151号民事判决：一、撤销重庆市高级人民法院（2014）渝高法民终字第00318号民事判决；二、撤销重庆市第五中级人民法院（2013）渝五中法民初字第 00345 号民事判决；三、驳回 DJK 公司的诉讼请求。

案例来源：最高人民法院公报，案号为（2017）最高法民再 151 号。

【争议问题】

1. 一审判决没有对本案广告主是否是 JDB 中国公司进行评判是否违反法定程序？
2. 本案是否属于重复诉讼？

【理论知识】

一、民事诉讼的基本制度

民事诉讼是指法院在双方当事人和其他诉讼参与人的参加下，在审理民事案件过程中所进行的各种诉讼活动，以及由此产生的各种诉讼关系的总和。诉讼活动包括法院的审判活动和诉讼参与人的诉讼活动。其有以下基本制度：

（一）合议制度

合议制度是指由 3 名以上的审判人员组成审判集体，代表人民法院行使审判权，对案件进行审理并做出裁判的制度。

依据《中华人民共和国民事诉讼法》（以下简称《民事诉讼法》）及相关规定，除法律特别规定基层人民法院运用简易程序审理案件可以适用独任审判外，其他均适用合议制。合议庭的成员人数，必须是单数。

合议庭设审判长一人，主持合议庭的日常审判工作。合议庭的审判长由院长或者庭长指定审判员一人担任，人民陪审员不得担任。院长或者庭长参加审判的，由院长或者庭长担任。合议庭评议案件，实行少数服从多数的原则。评议应当制作笔录，由合议庭成员签名。评议中的不同意见，必须如实记入笔录。

合议庭成员在行使审判职权时，应遵守审判纪律。审判人员有贪污受贿、徇私舞弊、枉法裁判行为的，应当追究法律责任；构成犯罪的，依法追究刑事责任。

（二）回避制度

回避制度是根据法律规定，人民法院在审理某一案件的审判人员和其他人员与案件有利害关系或者其他关系，可能影响案件公正处理时，退出案件审理的原则和制度。回避制度的设立可以避免因人类心理及情感上的偏私性带来的审判不公现象；提高当事人对人民法院的公正信任度，可以更好地维护当事人的合法权益。

回避制度不仅适用于审判人员，也适用于书记员、翻译人员、鉴定人、勘验人。依据《民事诉讼法》的规定，审判人员有下列情形之一的，应当自行回避，当事人有权用口头或者书面方式申请他们回避：①是本案当事人或者当事人、诉讼代理人近亲属的；②与本案有利害关系的；③与本案当事人、诉讼代理人有其他关系，可能影响对案件公正审理的。

审判人员接受当事人、诉讼代理人请客送礼，或者违反规定会见当事人、诉讼代理人的，当事人有权要求他们回避。当事人提出回避申请，应当说明理由，在案件开始审理时提出；回避事由在案件开始审理后知道的，也可以在法庭辩论终结前提出。被申请回避的人员在人民法院做出是否回避的决定前，应当暂停参与本案的工作，但案件需要采取紧急措施的除外。

（三）公开审判制度

民事诉讼中的公开审判制度是指人民法院对案件的审理过程和审理结果依法向社会公开的法律制度。

依据《民事诉讼法》的规定，人民法院审理民事案件，除涉及国家秘密、个人隐私或者法律另有规定的以外，应当公开进行。离婚案件、涉及商业秘密的案件，当事人申请不公开审理的，可以不公开审理。人民法院对公开审理或者不公开审理的案件，一律公开宣告判决。

（四）两审终审制度

两审终审制度是法院审理案件的一种审级制度，指一个案件需经两级法院审判后方可宣告终结并发生法律效力，即案件经过一审人民法院判决后，判决并不立即生效，在规定的上诉期内任何一方当事人均可向上一级人民法院提出上诉，上级人民法院的判决属于终审判决，不允许再次上诉。两审终审制度主要针对发生了民事权利义务争议的诉讼案件。实行两审终审制有利于及时纠正错误的裁判，有利于上级人民法院对下级人民法院的审判工作进行监督，维护国家法制的统一。两审终审审级不多，可以方便诉讼参与人参加诉讼，防止案件因久拖不决而影响结案效率，维护当事人的合法权益。

（五）陪审制度

陪审制度是指审判机关吸收法官以外的社会公众代表参与案件审判的制度。陪审制只适用于第一审案件。陪审员在法院执行职务时，与审判员有同等的权利。陪审制度实际上是分享审判权利，进行司法监督的一种制度，在审判组织内部实现制约与配合，使法律与社会一般道德趋于协调，弥补法律之不足。

二、民事审判程序

民事审判程序包括第一审程序、第二审程序、审判监督程序等，下面以第一审程序为例，介绍我国民事审判程序设置。

人民法院审理第一审民事案件时通常适用的程序称为"第一审普通程序"。它是民事诉讼的基础程序，是审判程序中最完整、最系统的程序，具有广泛的适用性。其通常包含以下几个过程和阶段：

（一）起诉和受理

起诉是指公民、法人和其他组织认为自己的民商事权利已受到侵害或者与他人发生争议时，以自己的名义依法向人民法院提出诉讼请求，要求人民法院通过审判给予司法保护的诉讼行为。主动提出该请求的当事人称为原告。

我国人民法院奉行"不告不理"原则，即民事纠纷的主体未向人民法院提起诉讼的，人民法院不能依职权启动民事诉讼程序，不能对民事纠纷进行审理和判决。

受理是指人民法院通过审查原告的起诉，认为符合法律规定的起诉条件，决定立案审理，从而引起诉讼程序开始的一种诉讼行为。诉讼程序是由原告的起诉引起的，但只有在起诉被人民法院受理之后，诉讼程序才能真正开始。因此，决定诉讼程序开始的行为不是原告的起诉行为，而是人民法院的受理行为。

当事人起诉到人民法院的民事纠纷，适宜调解的，先行调解，但当事人拒绝调解的除外。人民法院收到原告的起诉状后，应当进行审查，并在7日内决定是否立案。符合立案条件的人民法院应当立案受理并通知原告，并将起诉状副本在立案之日起5日内发送被告，被告应在收到起诉状副本后15日内提交答辩状。不符合起诉条件的，应当在7日内做出裁定书，不予受理；原告对裁定不服的，可以提起上诉。

（二）审理前的准备

审理前的准备是指人民法院受理案件后进入开庭审理前所进行的一系列准备性的诉讼活动，以保证庭审顺利和有效地进行。

审理前的准备工作主要有：①在法定期间内及时送达起诉状副本和答辩状副本；②告知当事人有关的诉讼权利和义务；③依法组成合议庭并告知当事人；④组织当事人进行证据交换；⑤审核诉讼材料，调查收集必要的证据；⑥追加和更换当事人，通知第三人参加诉讼等。

（三）开庭审理

审理前的准备阶段结束后，诉讼即进入开庭审理阶段。开庭审理又称法庭审理，是人民法院在完成审前准备后，在确定的日期，在双方当事人及其他诉讼参与人的参加下，依法定形式和程序，在法庭上对民事案件进行审理的诉讼活动。

开庭审理是整个诉讼程序的核心阶段，整个民事诉讼程序是围绕着开庭审理而展开的。开庭审理也是所有的诉讼法律关系主体集中进行诉讼活动的场所。在开庭审理过程中，所有的合议庭成员和所有的当事人及诉讼参与人都要出庭。开庭审理的顺序分为开庭准备、法庭调查、法庭辩论、案件评议和宣告判决四个阶段。

（1）开庭准备。

开庭准备不同于审理前的准备，是开庭审理的预备阶段，具体是指在事先确定的开庭日期到来时，在正式进入实体审理前，为保证案件审理的顺利进行而应当由人民法院进行并完成的准备工作。其具体包括以下两项：一是查明当事人和其他诉讼参与人是否到庭，宣读法庭纪律；二是核对当事人，宣布案件，宣布审判人员、书记员名单，告知当事人的诉讼权利义务，询问当事人是否提出回避申请。

（2）法庭调查。

法庭调查是开庭审理的中心环节，是对案件进行实体性审理的重要阶段。根据《民事诉讼法》的规定，法庭调查按照下列顺序进行：①当事人陈述；②告知证人的权利义务，证人作证，宣读未到庭的证人证言；③出示书证、物证和视听资料；④宣读鉴定结论；⑤宣读勘验笔录。

（3）法庭辩论。

法庭辩论是指在合议庭的主持下，双方当事人根据此前法庭调查已经基本查明的事实和证据，阐明自己的观点，论述自己的意见，反驳对方的主张，相互进行言词辩论的诉讼活动。根据《民事诉讼法》的规定，法庭辩论按照下列顺序进行：①原告及其诉讼代理人发言；②被告及其诉讼代理人答辩；③第三人及其诉讼代理人发言或者答辩；④互相辩论。

（4）案件评议和宣告判决。

经过开庭审理后当事人不愿意调解或者调解不成的，合议庭应当休庭进行评议，就案件的性质、认定的事实、适用的法律、是非责任和处理结果做出结论。合议庭评议后，应当由审判长宣布继续开庭并宣读裁判。

【关联法条】

《中华人民共和国民事诉讼法》

第十条　人民法院审理民事案件，依照法律规定实行合议、回避、公开审判和两审终审制度。

第四十条　人民法院审理第一审民事案件，由审判员、陪审员共同组成合议庭或者由审判员组成合议庭。合议庭的成员人数，必须是单数。适用简易程序审理的民事案件，由审判员一人独任审理。基层人民法院审理的基本事实清楚、权利义务关系明确的第一审民事案件，可以由审判员一人适用普通程序独任审理。陪审员在执行陪审职务时，与审判员有同等的权利义务。

第四十一条　人民法院审理第二审民事案件，由审判员组成合议庭。合议庭的成员人数，必须是单数。

第四十七条　审判人员有下列情形之一的，应当自行回避，当事人有权用口头或者书面方式申请他们回避：（一）是本案当事人或者当事人、诉讼代理人近亲属的；（二）与本案有利害关系的；（三）与本案当事人、诉讼代理人有其他关系，可能影响对案件公正审理的。审判人员接受当事人、诉讼代理人请客送礼，或者违反规定会见当事人、诉讼代理人的，当事人有权要求他们回避。审判人员有前款规定的行为的，应当依法追究法律责任。前三款规定，适用于书记员、翻译人员、鉴定人、勘验人。

第一百三十七条　人民法院审理民事案件，除涉及国家秘密、个人隐私或者法律另有规定的以外，应当公开进行。离婚案件，涉及商业秘密的案件，当事人申请不公开审理的，可以不公开审理。

第一百七十一条　当事人不服地方人民法院第一审判决的，有权在判决书送达之日起十五日内向上一级人民法院提起上诉。当事人不服地方人民法院第一审裁定的，有权在裁定书送达之日起十日内向上一级人民法院提起上诉。

《中华人民共和国民事诉讼法》第二编　审判程序

第十二章　第一审普通程序相关规定。

【案例评析】

第一，就一审判决没有对本案广告主是否为JDB中国公司进行评判是否违反法定程序的问题，最高院认为，本案系DJK公司与JDB中国公司之间的虚假宣传的不正当竞争。根据查明的事实，在一审庭审中，JDB中国公司认可由公证机构公证保全的"JDB"红罐凉茶产品为其生产，"JDB"红罐凉茶产品的外包装和手提袋上均印有涉案广告语"全国销量领先的红罐凉茶改名 JDB",因此,在 JDB 中国公司未提供相反证据的情况下,应认定 JDB 中国公司是涉案广告语的发布者。虽然 JDB 中国公司提交了广东 JDB 公司出具的《授权书》,以证明广东 JDB 公司系"全国销量领先的红罐凉茶改名 JDB"广告语的广告主。但根据该份《授权书》载明的内容可知,广东 JDB 公司只是授权 JDB 中国公司在其生产的红罐凉茶外包装上印制"全国销量领先的红罐凉茶改名 JDB"。可见,JDB 中国公司是上述红罐凉茶外包装的制作者,仅凭《授权书》不能证明"全国销量领先的红罐凉茶改名 JDB"的广告主是广东 JDB 公司。一审法院在开庭时,对 JDB 中国公司是否是涉案广告语的广告主问题进行了审理,故一审法院虽然未在判决书中对当事人的答辩意见进行分析和评判,存在一定瑕疵,但并未违反法定程序。JDB 中国公司该项再审理由不能成立,本院不予支持。

第二,关于本案是否属于重复诉讼的问题,《最高人民法院关于适用〈中华人民共和国民事诉讼法〉的解释》第二百四十七条第一款规定,当事人就已经提起诉讼的事项在诉讼过程中或者裁判生效后再次起诉,同时符合下列条件的,构成重复起诉:(一)后诉与前诉的当事人相同;(二)后诉与前诉的诉讼标的相同;(三)后诉与前诉的诉讼请求相同,或者后诉的诉讼请求实质上否定前诉裁判结果。广东省广州市中级人民法院判决的第 263 号案件中涉及的广告语包含本案涉案广告语,但两案的原、被告不相同,起诉涉及的侵权事实不相同,两案不属于同一法律事实和同一法律关系,故本案不属于重复诉讼。同理,本案与湖南省长沙市中级人民法院判决的(2013)长中民五初字第 00308 号亦不构成重复诉讼。JDB 中国公司在一审中提到此案,原审法院虽然在判决中未予回应有所不当,但原审认定本案不属于重复诉讼结论正确,本院予以维持。JDB 中国公司关于本案属于重复诉讼的再审理由不能成立,本院不予支持。

【案例启示】

人民法院认定广告是否构成反不正当竞争法规定的虚假宣传行为,应结合相关广告语的内容是否有歧义,是否易使相关公众产生误解以及行为人是否有虚假宣传的过错等因素判断。一方当事人基于双方曾经的商标使用许可合同关系以及自身为提升相关商标商誉所做出的贡献等因素,发布涉案广告语,告知消费者基本事实,符合客观情况,不存在易使相关公众误解的可能,也不存在不正当地占用相关商标的知名度和良好商誉的过错,不构成反不正当竞争法规定的虚假宣传行为。

第二节　仲裁

【案例介绍】

2012 年 12 月 10 日,冬运中心(甲方)与 XJ 集团公司(乙方)签署《合作协议》,约定甲方授权乙方负责在北京鸟巢举办国际雪联自由式滑雪空中技巧世界杯中国站的运营,合作期限为从 2013/2014 赛季开始的 4 个赛季。第八条争议解决约定:而因本协议产生或与本协议有关的双方之间的争议，经协商无法解决的，任何一方均可将争议提交中国国际经济贸易仲裁委员会北京总会依据该委员会当时有效的仲裁规则通过仲裁最终解决。仲裁裁决应为最终裁决，并对双方具有约束力。第十条约定本协议未尽事宜，双方经协商一致，以签署补充协议的形式作为本协议的一部分，与本协议具有同等法律效力。

2013 年 11 月 26 日，冬运中心（甲方）与 XJ 集团公司（乙方）、SR 公司（丙方）签署《补充协议》，约定：鉴于丙方系乙方在中国大陆投资设立的有限责任公司，具有履行甲、乙两方于 2012 年 12 月 10 日签署的《合作协议》的资格和能力，自本补充协议生效之日起，丙方认同并自愿遵守甲、乙两方于 2012 年 12 月 10 日签署的《合作协议》的全部条款，并自愿加入该合作协议，成为与乙方同等地位的合作一方。丙方充分知晓《合作协议》的法律意义及其相应的法律后果，并自愿从《合作协议》生效之日起，与乙方共同享有《合作协议》项下相应的权利与义务，共同对甲方承担"合作协议"项下的全部义务。《合作协议》项下的"乙方"应理解为由 SR 公司、XJ 集团公司两方共同组成，且 SR 公司与 XJ 集团公司对甲方承担连带责任。本协议的签署并不意味着三方对合作协议约定的基本合作条件进行了任何实质性的调整或变动，未予约定部分仍执行合作协议条款约定。

2014 年，冬运中心（甲方）与 XJ 集团公司（乙方）、SR 公司（丙方）签署《补充协议二》，约定：SR 公司是《合作协议》确定的赛事共同承办方，自该协议签署生效起，SR 公司全权承办赛事，XJ 集团公司协助 SR 公司，并就 SR 公司的赛事承办工作与该补充协议的履行，向冬运中心承担补充责任。合作各方承诺继续遵守并履行各方已经达成的《合作协议》及《补充协议》约定，该协议未予约定的部分仍执行《合作协议》及《补充协议》约定。该协议生效后，即成为《合作协议》不可分割的组成部分，与《合作协议》具有同等的法律效力。

2015 年 10 月 22 日，冬运中心（甲方）与 XJ 集团公司（乙方）、SR 公司（丙方）签订《补充协议三》约定：冬运中心、XJ 集团公司、SR 公司本着互惠互利、经有效协商，就《合作协议》及补充协议中未尽事宜订立以下补充协议。甲方同意乙方更换公司名称并同意丙方加入"合作协议"且由乙、丙两方共同履行合作协议项下关于"国际雪联自由式滑雪空中技巧世界杯大赛"中国站赛事的承办职责。本协议生效后，即成为合作协议不可分割的组成部分，与合作协议具有同等的法律效力。

2019 年，冬运中心作为申请人，以 SR 公司、XJ 集团公司为被申请人，向中国国际经济贸易仲裁委员会提起仲裁申请。2021 年 1 月，SR 公司向北京市第四中级人民法院申请确认仲裁协议无效。

案例来源：最高人民法院发布十起人民法院服务保障自由贸易试验区建设典型案例，案号为（2021）京 04 民特 18 号。

【争议问题】

1. 双方约定的仲裁条款合法是否有效？

2. SR 公司是否应当受到仲裁条款的约束？

【理论知识】

一、仲裁的基本制度

在汉语中，"仲裁"一词从字义上讲，"仲"表示居中，"裁"表示衡量、评断、做出结论。按照《现代汉语词典》（第七版）的解释，仲裁就是争执双方同意的第三者对争执事项做出决定。仲裁作为一个法律概念有着其特定的含义，即仲裁是指发生争议的双方当事人，根据其在争议发生前或争议发生后所达成的协议，自愿将该争议提交中立的第三方进行裁判的争议解决制度和方式。其有以下基本制度：

（一）仲裁协议制度

仲裁协议是当事人仲裁意愿的体现。当事人申请仲裁、仲裁委员会受理仲裁案件以及仲裁庭对仲裁案件的审理和裁决都必须依据双方当事人之间所订立的有效仲裁协议，没有仲裁协议就没有仲裁制度。仲裁协议是指仲裁的双方当事人在自愿、协商、平等互利的基础之上将他们之间已经发生或者可能发生的可仲裁的争议提交仲裁裁决的书面协议。仲裁协议有三种类型：仲裁条款、仲裁协议书、其他文件中包含的请求仲裁的协议。仲裁是基于争议的双方通过仲裁协议，完全自愿由非官方的民间组织依照法定的程序主持进行，最终做出裁决的行为。

仲裁协议应当具有下列内容：一是请求仲裁的意思表示；二是仲裁事项；三是选定的仲裁委员会。

（二）或裁或审制度

仲裁与诉讼是两种不同的争议解决方式，当事人之间发生的争议只能由双方当事人在仲裁或者诉讼中选择其一加以采用。有效的仲裁协议可以排除法院对案件的司法管辖权，只有在没有仲裁协议或者仲裁协议无效的情况下，法院才可以行使司法管辖权予以审理。

（三）一裁终局制度

《中华人民共和国仲裁法》（以下简称《仲裁法》）明确规定，仲裁实行一裁终局制度，即仲裁裁决一经仲裁庭做出，即为终局裁决。仲裁裁决做出后，当事人就同一纠纷再申请仲裁或者向人民法院起诉，仲裁委员会或者人民法院不予受理。当事人应当自动履行仲裁裁决，一方当事人不履行的，另一方当事人可以向法院申请强制执行。

（四）不公开仲裁制度

仲裁开庭除特殊情况外一般不公开进行。当事人协议公开的，可以公开进行，但涉及国家秘密的除外。

二、仲裁程序

仲裁程序是指仲裁机构在进行仲裁审理过程中，仲裁机构、各方当事人及其他参与人从事仲裁活动必须遵守的程序。

（一） 申请与受理

1. 仲裁的申请

仲裁不实行级别管辖和地域管辖，当事人可以向双方约定的仲裁机构申请仲裁。当事人申请仲裁应当符合下列条件：①有仲裁协议；②有具体的仲裁请求和事实、理由；③属于仲裁委员会的受理范围。

当事人申请仲裁，应当向仲裁委员会递交仲裁协议、仲裁申请书及副本。仲裁申请书应当载明下列事项：当事人的姓名、性别、年龄、职业、工作单位和住所，法人或者其他组织的名称、住所和法定代表人或者主要负责人的姓名、职务。仲裁请求和所根据的事实、理由。证据和证据来源、证人姓名和住所。

2. 审查与受理

仲裁委员会收到仲裁申请书之日起 5 日内，认为符合受理条件的，应当受理，并通知当事人；认为不符合受理条件的，应当书面通知当事人不予受理，并说明理由。仲裁委员会受理仲裁申请后，应当在仲裁规则规定的期限内将仲裁规则和仲裁员名册送达申请人，并将仲裁申请书副本和仲裁规则、仲裁员名册送达被申请人。被申请人收到仲裁申请书副本后，应当在仲裁规则规定的期限内向仲裁委员会提交答辩书。仲裁委员会收到答辩书后，应当在仲裁规则规定的期限内将答辩书副本送达申请人。被申请人未提交答辩书的，不影响仲裁程序的进行。

当事人达成仲裁协议，一方向人民法院起诉未声明有仲裁协议，人民法院受理后；另一方在首次开庭前提交仲裁协议的，人民法院应当驳回起诉，但仲裁协议无效的除外，且另一方在首次开庭前未对人民法院受理该案提出异议的，视为放弃仲裁协议，人民法院应当继续审理。

3. 仲裁当事人的权利

仲裁一经受理，仲裁程序即启动。当事人享有权利。申请人可以放弃或者变更仲裁请求。被申请人可以承认或者反驳仲裁请求，有权提出反请求。当事人有权申请财产保全，可以委托律师和其他代理人进行仲裁活动等。

当事人约定争议可以向仲裁机构申请仲裁也可以向人民法院起诉的，仲裁协议无效。但一方向仲裁机构申请仲裁，另一方未在仲裁法规定期间内提出异议的除外。

（二） 仲裁庭

1. 仲裁庭的组成

仲裁委员会受理仲裁申请的，应当依法组成仲裁庭来裁决案件。仲裁庭由 3 名仲裁员或者 1 名仲裁员组成。由 3 名仲裁员组成的，设首席仲裁员。当事人约定由 3 名仲裁员组成仲裁庭的，应当各自选定或者各自委托仲裁委员会主任指定 1 名仲裁员，第 3 名仲裁员由当事人共同选定或者共同委托仲裁委员会主任指定，第 3 名仲裁员是首席仲裁员。

当事人约定由 1 名仲裁员成立仲裁庭的，应当由当事人共同选定或者共同委托仲裁委员会主任指定仲裁员。

当事人没有在仲裁规则规定的期限内约定仲裁庭的组成方式或者选定仲裁员的，由仲裁委员会主任指定。仲裁庭组成后，仲裁委员会应当将仲裁庭的组成情况书面通知当事人。

2. 仲裁员的回避

仲裁员有下列情形之一的，必须回避，当事人也有权提出回避申请：①是本案当事人或者当事人、代理人的近亲属；②与本案有利害关系；③与本案当事人、代理人有其他关系，可能影响公正仲裁的；④私自会见当事人、代理人，或者接受当事人、代理人的请客送礼的。当事人提出回避申请，应当说明理由，并在首次开庭前提出。回避事由在首次开庭后知道的，可以在最后一次开庭终结前提出。仲裁员是否回避，由仲裁委员会主任决定；仲裁委员会主任担任仲裁员时，由仲裁委员会集体决定。仲裁员因回避或者其他原因不能履行职责的，应当依照本法规定重新选定或者指定仲裁员。因回避而重新选定或者指定仲裁员后，当事人可以请求已进行的仲裁程序重新进行，是否准许，由仲裁庭决定；仲裁庭也可以自行决定已进行的仲裁程序是否重新进行。

3. 开庭与裁决开庭

仲裁应当开庭进行。当事人协议不开庭的，仲裁庭可以根据仲裁申请书、答辩书以及其他材料做出裁决。仲裁一般不公开，公开审理为特例。当事人协议公开的，可以公开进行，但涉及国家秘密的除外。仲裁委员会应当在仲裁规则规定的期限内将开庭日期通知双方当事人。当事人有正当理由的，可以在仲裁规则规定的期限内请求延期开庭。是否延期，由仲裁庭决定。申请人经书面通知，无正当理由不到庭或者未经仲裁庭许可中途退庭的，可以视为撤回仲裁申请。被申请人经书面通知，无正当理由不到庭或者未经仲裁庭许可中途退庭的，可以缺席裁决。

裁决：仲裁过程中当事人可以自行和解。达成和解协议的，可以由申请人请求仲裁庭做出裁决书或撤回仲裁申请。仲裁庭在做出裁决前，可以先行调解。当事人自愿调解的，仲裁庭应当调解。调解不成的，仲裁庭应当及时做出裁决。调解达成协议的，仲裁庭应当制作调解书或者根据协议的结果制作裁决书。调解书经双方当事人签收后，即发生法律效力。在调解书签收前当事人反悔的或调解不成的，仲裁庭应当及时做出裁决。

裁决应当按照多数仲裁员的意见做出，少数仲裁员的不同意见要记入笔录。仲裁庭不能形成多数意见时，裁决应当按照首席仲裁员的意见做出。裁决书自做出之日起发生法律效力。

【关联法条】

《中华人民共和国仲裁法》

第四条　当事人采用仲裁方式解决纠纷，应当双方自愿，达成仲裁协议。没有仲裁协议，一方申请仲裁的，仲裁委员会不予受理。

第五条　当事人达成仲裁协议，一方向人民法院起诉的，人民法院不予受理，但仲裁协议无效的除外。

第九条　仲裁实行一裁终局的制度。裁决做出后，当事人就同一纠纷再申请仲裁或者向人民法院起诉的，仲裁委员会或者人民法院不予受理。裁决被人民法院依法裁定撤销或者不予执行的，当事人就该纠纷可以根据双方重新达成的仲裁协议申请仲裁，也可以向人民法院起诉。

第十六条　仲裁协议包括合同中订立的仲裁条款和以其他书面方式在纠纷发生前或者纠纷发生后达成的请求仲裁的协议。仲裁协议应当具有下列内容：（一）请求仲裁的意思表示；（二）仲裁事项；（三）选定的仲裁委员会。

第十八条　仲裁协议对仲裁事项或者仲裁委员会没有约定或者约定不明确的，当事人可以补充协议；达不成补充协议的，仲裁协议无效。

第十九条　仲裁协议独立存在，合同的变更、解除、终止或者无效，不影响仲裁协议的效力。仲裁庭有权确认合同的效力。

第二十条　当事人对仲裁协议的效力有异议的，可以请求仲裁委员会做出决定或者请求人民法院做出裁定。一方请求仲裁委员会做出决定，另一方请求人民法院做出裁定的，由人民法院裁定。当事人对仲裁协议的效力有异议，应当在仲裁庭首次开庭前提出。

第四十条　仲裁不公开进行。当事人协议公开的，可以公开进行，但涉及国家秘密的除外。

【案例评析】

法院认为，仲裁协议（仲裁条款）系当事人约定将争议提交仲裁解决的意思表示，有效的仲裁协议是实现当事人仲裁意愿的前提。根据《仲裁法》第十六条的规定，仲裁协议应当具有下列内容：（一）请求仲裁的意思表示；（二）仲裁事项；（三）选定的仲裁委员会。根据《仲裁法》第十七条规定，有下列情形之一的，仲裁协议无效：（一）约定的仲裁事项超出法律规定的仲裁范围的；（二）无民事行为能力人或者限制民事行为能力人订立的仲裁协议；（三）一方采取胁迫手段，迫使对方订立仲裁协议的。以上法律条款是认定仲裁协议是否有效的依据。本案中，《合作协议》第八条明确约定了仲裁条款。SR 公司作为《补充协议》《补充协议二》《补充协议三》的合同丙方，在上述三份补充协议中表明其明确知悉《合作协议》的内容，遵守《合作协议》的全部条款；且上述补充协议中未约定争议解决条款，并约定补充协议未予约定的部分仍应执行《合作协议》的约定。因此，《合作协议》第八条的仲裁条款对 SR 公司具有约束力。该仲裁条款约定的"中国国际经济贸易仲裁委员北京总会"，根据《最高人民法院关于适用<中华人民共和国仲裁法>若干问题的解释》第三条"仲裁协议约定的仲裁机构名称不准确，但能够确定具体的仲裁机构的，应当认定选定了仲裁机构"之规定，属于能够确定仲裁机构。故该仲裁协议系以书面形式签订，有明确的仲裁意思表示、仲裁委员会、仲裁事项，符合《仲裁法》规定的仲裁协议合法有效的形式要件和实质要件，且不存在《仲裁法》第十七条规定的无效情形，故应为合法有效的仲裁条款。关于《合作协议》性质以及是否属于《仲裁法》规定的仲裁范围问题。《仲裁法》第二条规定，平等主体的公民、法人和其他组织之间发生的合同纠纷和其他财产权益纠纷，可以仲裁。《合作协议》系冬运中心与 XJ 集团公司、SR 公司就国际体育赛事举办合作事宜而签署，属于平等民事主体间签订的协议，而非政府特许经营协议。SR 公司的相应意见，于法无据，本院不予采纳。

【案例启示】

推动体育产业高质量发展、促进体育消费新增长，是北京建设国家服务业扩大开放综合示范区和中国（北京）自由贸易试验区的重要内容。本案对国际体育赛事运营合作协议的可仲裁性予以确认，展现了支持体育仲裁的司法立场，为体育产业运营过程中产生的商事纠纷通过仲裁解决营造良好法治环境，对于我国体育产业的健康发展具有积极作用。

参考文献

1. 图书类

［1］赵万一. 商法学［M］. 5 版. 北京：中国人民大学出版社，2017.

［2］范健，王建文. 商法学［M］. 4 版. 北京：法律出版社，2015.

［3］柳经纬. 商法［M］. 6 版. 厦门：厦门大学出版社，2017.

［4］王利明. 民法［M］. 6 版. 北京：中国人民大学出版社，2018.

［5］马骏，叶通明. 企业破产法一本通［M］. 北京：法律出版社，2020.

［6］殷慧芬. 破产法［M］. 北京：法律出版社，2014.

［7］施天涛. 商法学［M］. 5 版. 北京：法律出版社，2018.

［8］赵万一. 商法基本问题研究［M］. 2 版. 北京：法律出版社，2013.

［9］王保树. 商法总论［M］. 北京：清华大学出版社，2007.

［10］曹兴权. 商道法意［M］. 北京：法律出版社出版，2009.

［11］朱锦清. 公司法学［M］. 北京：清华大学出版社，2019.

［12］姚旭. 商业银行公司治理法律问题研究［M］. 北京：法律出版社，2011.

［13］隋彭生. 公司法［M］. 北京：中国人民大学出版社，2016.

［14］雷霆. 公司法实务应用全书：律师公司业务基本技能与执业方法［M］. 2 版. 北京：法律出版社，2018.

［15］刘纪伟. 公司法从入门到精通［M］. 北京：中国法制出版社，2018.

［16］高在敏，王延川，程淑娟. 商法［M］. 北京：法律出版社，2016.

［17］谢怀栻. 票据法概论［M］. 2 版. 北京：法律出版社，2017.

［18］许德风. 破产法论［M］. 北京：北京大学出版社，2015.

2. 论文类

［1］赵万一. 商法的独立性与商事审判的独立化［J］. 西北政法大学学报，2012，30（1）：11.

［2］曹兴权. 民法典如何对待个体工商户［J］. 环球法律评论，2016，38（6）：13.

［3］王保树. 关于民法、商法、经济法定位与功能的研究方法［J］. 现代法学，

2008, 30 (3): 9.

[4] 朱慈蕴. 资本多数决原则与控制股东的诚信义务 [J]. 法学研究, 2004, 26 (4): 13.

[4] 汪青松. 股份公司股东权利多元化配置的域外借鉴与制度建构 [J]. 比较法研究, 2015 (1): 13.

[6] 赵旭东. 公司法人格否认规则适用情况分析 [J]. 法律适用, 2011 (10): 4.

[7] 侯东德. 董事会对短期主义行为的治理 [J]. 中国法学, 2018 (6): 18.

[8] 石少侠. 对《〈公司法〉司法解释（四）》若干规定的理解与评析 [J]. 当代法学, 2017, 31 (6): 7.

[9] 施天涛. 公司资本制度改革：解读与辨析 [J]. 清华法学, 2014 (5): 14.

[10] 林少伟. 人工智能对公司法的影响：挑战与应对 [J]. 华东政法大学学报, 2018, 21 (3): 11.

[11] 李飞. 保险法上如实告知义务之新检视 [J]. 法学研究, 2017, 39 (1): 17.

[12] 蒋大兴. 隐退中的"权力型"证监会：注册制改革与证券监管权之重整 [J]. 法学评论, 2014, 32 (2): 15.

[13] 李燕, 杨淦. 美国法上的 IPO"注册制"：起源, 构造与论争：兼论我国注册制改革的移植与创生 [J]. 比较法研究, 2014 (6): 31-42.

[14] 于莹. 论票据的无因性原则及其相对性：票据无因性原则"射程距离"之思考 [J]. 吉林大学社会科学学报, 2003 (4): 6.

[15] 赵吟. 论破产分配中的衡平居次原则 [J]. 河北法学, 2013, 31 (3): 6.

[16] 许德风. 论破产债权的顺序 [J]. 当代法学, 2013, 27 (2): 7.

[17] 郑彧. 民法逻辑、商法思维与法律适用 [J]. 法学评论, 2018, 36 (4): 12.

附 件

附件一　公司登记（备案）申请书

附件二　贵州 XXXX 教育科技有限责任公司股东会决议

附件三　贵州 XXXX 教育科技有限责任公司章程

附件四　企业名称自主申报信用承诺书